Haz magia con

FENG SHUI

Haz magia con

FENG SHUI

Maribel Uriarte

alamah

alamah

De esta edición:

D. R. ©   Maribel Uriarte
D. R. ©   Santillana Ediciones Generales, S. A. de C. V.
           Av. Río Mixcoac núm. 274, Col. Acacias,
           C.P. 03240, México, D.F.
           Teléfono (5552) 5420 7530

Primera edición: enero de 2013.
ISBN: 978-607-11-2231-5
Diseño de cubierta y de interiores: Ramón Navarro

Impreso en México

DEDICADO A TI

que eres un ser maravilloso, que
tienes el poder enorme de
cambiar todo lo que no te
gusta en tu vida, para tener un
mundo infinito de posibilidades y
así lograr un final feliz en todo lo
que te propongas.

ÍNDICE

AGRADECIMIENTOS

En primer lugar, quiero agradecer infinitamente a Dios que ha puesto en mi camino el feng shui como herramienta de vida. En seguida, a todos y cada uno de mis maestros:Gran Master Raymond Lo, Gran Master Lilian Too, Master Juan Manuel Álvarez y Carmencita Álvarez, Edgar Zahir Sigler y Evelyn Murillo.. Sé que sin ellos no sería posible compartir todo este conocimiento.

Quiero agradecer a mi amado esposo por ser un gran tesoro en mi vida, a mis padres y hermano, y a todos mis seres amados que me han dado su amor y su apoyo siempre.

A mis dos amados ángeles, Paola y Luis Fernando, que siempre iluminan mi camino.

A todas las maravillosas personas que me han dado su confianza al contratarme para hacer sus estudios de feng shui.

Y en especial a ti, que te darás la oportunidad de hacer cambios en tu vida utilizando las curas de feng shui.

PRESENTACIÓN

Este libro fue creado para compartir contigo curas y rituales místicos que he recibido en diferentes cursos de feng shui a los que he asistido. El fin de este trabajo es utilizar las poderosas herramientas que nos da el feng shui para cambiar situaciones difíciles que la vida te esté presentando en este momento. Si a una persona le han funcionado, a muchas más podrán ayudar. Espero con todo mi corazón que tú seas una de ellas.

Quiero contarte mi experiencia personal. Hace diez años estaba sumida en una depresión profunda, pues acababa de fallecer mi hija, situación que me llevó a dejar de amar la vida, a perder la fe y la alegría. En ese entonces sólo me la pasaba durmiendo, no quería comer, ni bañarme, ni hacer nada. Así estuve casi tres meses. Pero un día, cuando desperté y vi la cara de angustia de mi mamá, pensé que tenía que tomar una decisión: si me iba a morir, si ése era el momento, debía dejar de hacer sufrir a mis seres queridos; pero si no, tenía que levantarme y hacer algo en mi vida. Elegí la segunda opción. El día que me levanté, Dios empezó a darme una oportunidad. Vi anunciado un curso de feng shui, al cual mi esposo me inscribió. Con dudas asistí al curso, pero cuando recibí aquella información, determiné hacer un gran cambio en mi vida, ya que no me merecía seguir viviendo así. Empecé por cambiar el color de mi casa e hice cambios mediante la escuela de las formas, con figuras, cuadros, colores e imágenes. De verdad, lo que empezó a ocurrir un mes después hizo que me dedicara a estudiar a profundidad el feng shui para entender qué provoca que se den resultados tan grandiosos y extraordinarios, como los que cambiaron mi vida dando un giro de ciento ochenta grados.

Quiero que sepas que te entiendo perfectamente. Sé que en muchas ocasiones sentimos que la vida no es como la queremos. Que la salud, el amor, el dinero, el trabajo no están fluyendo de manera adecuada, o que no tienes la relación de pareja que anhelas. Puedes sentir que hay mucha gente que vibra mala energía y que hay quienes te desean situaciones malas. Sé que existe todo esto, pero lo importante es que te hagas esta pregunta: "¿Me merezco esta vida?". Si tu respuesta es no, estás en el camino correcto, ya que si en realidad lo quieres, lo pides y haces lo suficiente, tu vida puede cambiar.

Abre las puertas a las infinitas oportunidades y posibilidades de tener una vida mejor, en la que se manifieste la prosperidad, la abundancia, el amor, el conocimiento, para tener una verdadera armonía al vivir cada uno de tus días.

Te pido que empieces paso a paso. Tienes que aprender a ser específico y decidir qué quieres cambiar. En este libro encontrarás rituales para el amor, la envidia, el dinero, el trabajo, el éxito, la prosperidad, lo importante es que veas y reconozcas qué necesitas. Primero ve por una cosa a la vez, ya que si en un mes haces rituales para diferentes aspectos de tu vida, la energía se propagará, como si se tuviera que dividir en muchas cosas en vez de focalizarse en una sola, porque entonces no se dan los resultados.

Para escoger los rituales de este libro me basé en el grado de poder y accesibilidad. Todo lo que necesitas es muy fácil conseguir, nada se te complicará y así podrás lograr cambiar eso que no te deja avanzar como quisieras en tu vida.

Siempre que hagas un ritual debes estar preparado mental, física y anímicamente para hacerlo, porque de ello dependen tus resultados. Sé que puedes lograrlo porque yo pude y muchos más han podido cambiar sus vidas. Es cuestión de que te des la oportunidad y te decidas a experimentar una vida mejor.

Te deseo todo el éxito, la abundancia, la salud y un final feliz en todo lo que te propongas. Me encantaría que compartas conmigo tu experiencia y los resultados que lograste. Puedes escribirme a: maribel_uriarte@hotmail.com.

PRÓLOGO

La licenciada Maribel Uriarte es estudiante del Centro Cultural del Feng Shui donde ha recibido el conocimiento del Feng Shui. Durante los últimos diez años ha estado estudiando y practicando las enseñanzas del arte ambiental del Feng Shui. Es mi deseo que el libro *Haz Magia Con Feng Shui*, escrito por Maribel Uriate, sea un medio útil de conocimiento para quienes deseen aprender métodos y rituales y crear espacios de vida felices, saludables y prósperos.

El contenido del libro *Haz Magia con Feng Shui* trata de fórmulas y rituales obtenidos de diferentes fuentes de conocimiento, incluyendo métodos de diseño de Feng Shui. Maribel ofrece la experiencia adquirida de diferentes cursos sobre el uso mágico de hierbas, rituales y fórmulas para sanar crear felicidad y prosperidad. La información contenida en el libro es fácil de aprender y aplicar para crear armonía en diferentes situaciones de la vida, incluyendo: métodos para atraer el amor, salud, prosperidad, evitar pleitos, y retirar energía negativa del hogar o de la oficina. También ofrece métodos para la compra de casas, aclaramiento de casas que han sido habitadas, para encontrar trabajo y atraer la buena suerte.

El libro *Haz Magia con Feng Shui*, contiene información, sugerencias y rituales fácil de aprender y sencillos de aplicar para obtener resultados positivos en situaciones de la vida de las personas. Recomiendo a todos aquellos interesados en mejorar sus condiciones de vida utilizar los métodos y rituales ofrecidos por Maribel Uriarte en este libro.

Saludos y bendiciones
Maestro Juan M. Álvarez
Feng Shui Cultural Center International
Miami, FL USA
Noviembre, 2012.

FENG SHUI
¿Qué es el feng shui?

El feng shui es un antiguo arte chino que data de 5000 años aproximadamente. La traducción literal es viento-agua, esto significa "viento suave que absorbe agua calma", lo cual indica que el viento, la influencia del medio y del entorno que no se puede entender, y el agua, que no se puede agarrar, son cuestión de fe. En la antigua China, los maestros de feng shui se dedicaban a la medicina tradicional (acupuntura) y trabajaban con la energía: con el chi kung y tai chi.

El feng shui es una poderosa herramienta que se encarga de estudiar la localización de las diferentes energías que se encuentran en algún lugar. Su finalidad es crear un ambiente armónico entre el ser humano y el ambiente en el que habita o trabaja. El feng shui trabaja en favor de nosotros cuando lo hacemos bien, nos ayuda a activar la energía positiva del lugar y a disminuir la energía negativa; con ello podemos tener salud, trabajo, buenas relaciones, dinero, conocimiento, fama.

Los resultados dependerán siempre de tu trabajo individual, de cómo realices los rituales, de la fuerza que pongas, de la intención, la confianza y fe inquebrantable con que vas a obtener lo que pidas.

Hay diferentes tipos de escuelas de feng shui, cada una estudia diferentes aspectos, desde situaciones básicas como colores y formas, direcciones cardinales, ocho mansiones, estrellas voladoras, dragón de agua, hasta la predicción a través de los cuatro pilares del destino.

OM MANI PÄDME HUM

El mantra es la repetición de sílabas en sánscrito (lengua sagrada de la India), que conecta tu energía con Dios por su fuerza vibratoria. De manera mundana se repite 108 veces para lograr algo, y de forma trascedente se utiliza para llegar a la iluminación.

Om mani pädme hum es el mantra de seis sílabas de la compasión. Por su fuerza, vibración y significado activa la mente. El significado de las sílabas es: OM, la creación; MANI representa la joya que satisface todos los deseos; PÄDME es el loto que representa la pureza, y HUM representa al Buda.

SÍLABA	COLOR	CUERPO	ACTIVA	PURIFICA	PACIFICA
OM	Rojo	Pies	Generosidad	Cuerpo	Ignorancia
MA	Blanco	Muslos	Ética	Habla	Enojo
NI	Amarillo	Ombligo	Paciencia	Mente	Avaricia
PÄD	Verde	Pecho	Diligencia	Emociones conflictivas	Deseo
ME	Azul	Garganta	Concentración	Condicionamiento	Celos
HUM	Negro	Cabeza	Sabiduría	El conocimiento	Orgullo

Los tres secretos

Para hacer correctamente tus curas, lo primero que debes saber es que requieren de tu fuerza, tu intención en positivo, tu respeto y, sobre todo, tu fe en obtener lo que te propongas.

Para tener energía positiva necesitas estar limpio y bien vestido. Para hacer los rituales se sigue un procedimiento, conocido como los tres secretos:

1. Mantra. Oraciones que se hacen al ser en quien confías, puede ser el Padre Nuestro, oraciones en latín o en sánscrito como los mantras (uno de los más conocidos es la oración de las seis palabras verdaderas: *om mani pädme hum*).

2. Mudra. Es una señal de respeto, como juntar tus manos a nivel del pecho en señal de oración o tocarte el corazón.

3. Sutra. Es la Intención, el decreto o el pensamiento para lo que estás haciendo esa cura. Recuerda que tu intención siempre debe ser en positivo, de lo contrario la energía no te dará resultados.

Principios básicos para hacer el feng shui

> Evita vivir en un lugar que fue panteón.
> Quita el desorden y la suciedad.
> Haz limpieza energética de la persona y del lugar.
> Quita espejos y vidrios rotos.
> Mantén en buen estado la puerta prinicpal de la casa.
> Evita fugas de agua.
> Evita fugas de gas.
> Evita focos fundidos.
> Mantén en buen estado los techos.
> Las puertas de los clósets deben correr sin problemas: evita que se atoren o se salgan del riel.
> El drenaje funcione bien.
> Evita drenajes y coladeras al frente de la puerta de entrada.

> Evita que la estufa vea directamente hacia la puerta de entrada.
> La estufa y el horno deben funcionar bien y deben estar muy limpios.
> Activa la energía con música, puedes conseguir mantras, cánticos gregorianos o música de ambiente.
> Concéntrate y ten buena energía e intención al momento de hacer tus rituales.
> Aprende a pedir y contesta la pregunta: ¿qué es lo que quiero?
> Agradece.

El bagua

El bagua proviene del chino *ba* (ocho) y *gua* (trigrama). Tiene su origen en el *I Ching* o *Libro de las mutaciones*, que en el feng shui es utilizado como herramienta que permite dividir el lugar en nueve secciones para saber dónde están ubicadas las diferentes áreas. Se le debe su origen a Fu Shi, sabio chino que ordenó los trigramas en secuencia del cielo anterior. Representa el estado mental sublime en equilibrio total. El bagua del cielo anterior fue cambiado por el rey Wang, quien alteró la posición de los trigramas haciendo el bagua del cielo posterior que es el que se utiliza, representa el movimiento del mundo y pertenece al mundo material y terrestre.

Siempre que utilices el bagua para saber la localización de las áreas en tu espacio, debes hacerlo con esta orientación; cuida que la palabra ENTRADA quede hacia abajo, evita girar la hoja, pues si lo haces no serán las áreas correctas.

Áreas del bagua

Las áreas que puedes localizar son:
> Conocimiento.
> Fama y reputación.
> Familia.
> Hijos.
> Prosperidad y dinero.
> Relaciones o matrimonio.
> Salud.
> Trabajo.
> Viajes y benefactores.

Prosperidad o dinero Sureste Esquina fondo a la izquierda	Fama o reputación Sur Fondo en el centro	Relaciones o matrimonio Suroeste Esquina fondo a la derecha Hijos
Familia Este Centro a la izquierda	Salud Tao Centro	Oeste Centro a la derecha
Conocimiento Noreste Esquina al frente a la izquierda	Trabajo Norte Al frente en el centro	Benefactores y viajes Noroeste Esquina al frente a la derecha

¿Qué activan las áreas del bagua?

Prosperidad o dinero Sureste Riqueza Comunicación Creatividad Crecimiento	Fama o reputación Sur Logros Éxito Prestigio Pasión Sexualidad Vida social	Relaciones o matrimonio Suroeste Amor Armonía Maternidad Amistad Sociedades
Familia	Salud	Hijos
Este Relaciones familiares ADN Antepasados Comienzos rápidos Ambición	Tao Centro Equilibrio	Oeste Relación con tus hijos Romance Proyectos Placer Satisfacción Ganancia
Conocimiento Noreste Enfoque Constancia Efectividad Competitividad Motivación	Trabajo Norte Profesión Espiritualidad Tranquilidad Paz	Viajes y benefactores Noroeste Paternidad Responsabilidad Movimiento Organización Liderazgo

¿Cómo ubicar las diferentes áreas de feng shui con el bagua?

Lo que necesitas:
> Es mejor si tienes el plano de tu casa o del lugar que quieres analizar; saca dos copias en tamaño carta.
> Hoja de papel blanca.
> 1 calculadora.
> 1 lápiz.
> 1 pluma de tinta roja.
> 1 regla o escuadra.

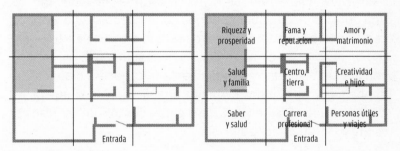

PROCEDIMIENTO

Si tienes el plano, mide con la regla el largo y divídelo en tres; por ejemplo, si tu plano mide 18 entre 3 te da 6; haz una línea roja con la pluma en el 6 y en el 12, de esa manera divides el largo. De igual forma hazlo con el ancho; si te das cuenta, queda dividido en nueve cuadros que representan las nueve áreas del bagua. Para designar las áreas, debes cuidar que la puerta principal siempre quede hacia la parte de abajo en tu plano.

Si no tienes el plano: en la hoja dibuja un margen de cinco centímetros haciendo un marco a la hoja. Dentro de ese cuadro dibuja la planta baja de tu casa; lo tienes que hacer como si fuera un plano para que sea lo más parecido posible. Ya con el dibujo sigue el mismo procedimiento que con el plano.

Nueve sitios a activar si te urge algo

Lo que necesitas:
> Aceite abre caminos.
> 1 hoja de papel verde.
> 1 pluma de tinta negra nueva.
> 9 sobres rojos chinos.

PROCEDIMIENTO

En una noche de luna llena, haz nueve pedacitos de papel y escribe en cada uno lo que quieres y te urge cambiar. Sácalos para que le den los rayos de la luna. Después ponles una gota del aceite abre caminos con tu dedo medio y coloca cada uno en un sobre. Vas a pegarlos, primero en tu puerta por dentro, luego en la cocina, y después haz un camino con los siete sobres restantes hasta la cabecera de tu cama, donde pegarás el último. Ahí haz una oración en la que pidas a tu ser superior que te ayude a conseguirlo. Da las gracias, repite este ritual por 27 días.

CÓMO LIMPIAR TU ENERGÍA

Baño para descargar mala energía

Lo que necesitas:
> Alcohol.
> Romero fresco.
> 1 jabón de coco.
> 3 cucharadas de aceite de girasol.
> 7 piedras de imán.

PROCEDIMIENTO

En un día de luna menguante báñate con el jabón de coco de la cabeza hacia los pies. Durante el baño, visualiza y piensa cómo al lavarte sacas de tu cuerpo toda la energía negativa acumulada. Después de limpiarte pon agua en un recipiente, agrega las piedras de imán y el aceite de girasol, y con esa agua te enjuagas. Sécate y úntate el alcohol con romero de la cabeza a los pies. Mientras lo haces visualiza cómo entra nueva energía positiva a tu cuerpo.

Entierra las piedras de imán por nueve días para que eliminen la energía que tomaron. Después, ponlas a los rayos del sol y a los rayos de la luna por tres horas. Finalmente puedes guardarlas para volver a hacer el ritual. Si tienes problemas muy fuertes, puedes repetir este ritual por lo menos tres veces.

Para quitarte la negatividad

Lo que necesitas:
> 1 limón partido en cuatro con cáscara.
> 1 recipiente.
> 1 toalla blanca.
> 3 gotas de alcanfor.

> 3 gotas de eucalipto.
> 3 ramas de ruda.

▓ PROCEDIMIENTO

En día de luna menguante, haz en el recipiente una mezcla con las gotas de eucalipto y alcanfor, las ramas de ruda, una gota de limón y el limón partido en cuatro. Báñate y después enjuágate con la mezcla. Visualiza cómo toda tu negatividad sale de tu cuerpo, piensa en el problema que tienes y siente cómo se disuelve.

Al salir, pon tus pies en una toalla blanca. Haz tres respiraciones profundas, inhala toda la energía positiva que desees inunde tu cuerpo. Puedes visualizar un color como el dorado o el morado que te va envolviendo en un movimiento de espiral. Piensa cómo la energía de abundancia, amor, prosperidad y progreso llega a ti, y abre las puertas del universo para encontrar la solución a tu problema.

Te recomiendo que des gracias después de cada ritual, esto a mí me ha funcionado siempre. Siento que así me conecto por completo con la energía universal, tú también puedes sentirlo.

Para quitar lo que te impide avanzar en la vida

Lo que necesitas:
> Agua.
> Música con sonido ambiental de mar.
> 1 tina donde quepan tus pies.
> 1 toalla blanca.
> 3 piedras de río.
> 9 cucharadas soperas de sal de grano.

▦ PROCEDIMIENTO

Necesitas darte un baño de purificación, para ello viaja a un lugar que tenga mar. El mar es el principal purificador, pues se encarga de limpiar la energía del planeta. Este ritual lo puedes hacer en cualquier oportunidad que tengas de viajar al mar. Si estás pasando por una racha muy difícil en tu vida, haz el esfuerzo de viajar y purificarte. Eso sí, evita ir en un día nublado o cuando haya tormenta o huracán, ya que esto empeorará las situaciones. Pero si por ahora no puedes realizar ese viaje, hazlo mentalmente.

A medio día, cuando el sol está en el punto más alto, te darás un baño purificador de energía. Al momento de meterte al mar, evita hacerlo de frente, ya que eso te trae complicaciones y enfrentamientos. Ponte de lado y métete hasta donde el agua sólo te cubra los pies. En el agua haz tres respiraciones profundas, absorbe el olor, la humedad, escucha el sonido que hacen las olas y las aves, y siente el calor en tu piel. Una vez armonizado con el ambiente, pide permiso al mar para hacer este ritual.

Comienza a limpiarte de las rodillas a los pies, pensando que te arrancas costras pesadas que representan todos los obstáculos que te impiden avanzar para obtener lo que quieres en tu vida. Si tu problema es muy grande, arráncate esa costra y aviéntala con fuerza. Visualiza cómo el mar se lleva todo lo malo que te acontece, pues el mar es capaz de transformar toda esa energía negativa en energía de amor.

Cuando termines da gracias. Sal del mar sin voltear, pon tus pies en la toalla blanca y siente cómo tus piernas ya no pesan. Pídele a tu ser superior que te ilumine para seguir adelante.

En caso de no poder ir al mar, en una tina prepara agua con la sal y las piedras de río. Cuida que el agua esté caliente para dejar por un rato tus pies dentro. El mejor lugar para hacerlo es un sillón cómodo o en el lugar de tu casa que más te guste. Necesitas dedicarte por lo menos quince minutos sin interrupciones. Coloca cerca de ti todo lo que vas a necesitar para que no pierdas atención y concentración. Pon música ambiental, de preferencia con sonidos del mar; si no la encuentras, no te preocupes, utiliza tu imaginación. Siéntate y haz tres respiraciones profundas, cierra tus ojos y visualízate como si estuvieras a la orilla de la playa. Huele y siente la humedad del mar, escucha el sonido que hacen las olas y las aves, siente la briza en tu piel y, una vez sintonizado con la energía, mete tus pies. Siente como si estuvieras entrando al mar, y con tus manos empieza a limpiarte de las rodillas hacia tus pies, pensando que te arrancas costras pesadas. Visualiza que las piedras son todos los obstáculos que no te permiten avanzar para obtener lo que quieres en tu vida, sácalas de la tina pensando que sacas los problemas de tu vida; disfruta y siente cómo tus piernas se van haciendo cada vez menos pesadas.

Cuando termines de quitar y arrancar todo lo malo da gracias. Saca tus pies de la tina y ponlos en la toalla blanca. Visualiza una luz blanca que los envuelve y pídele a tu ser superior que te ilumine para seguir adelante en tu vida.

Para limpiar tus pensamientos

Lo que necesitas:
> Agua.
> Clóset, ropero o donde guardas tu ropa.
> Jugo de tres limones.
> 1 cubeta.
> 1 trapo.
> 9 pastillas de alcanfor.

▰ PROCEDIMIENTO

Al mediodía en luna menguante, ve al lugar donde guardas tu ropa. Si está muy amontonado y desorganizado, significa que piensas mucho en los problemas que estás enfrentando, pero no encuentras soluciones.

Saca todo lo que tengas en ese lugar y analiza si en realidad utilizas todo lo que tienes; si hay cosas que en el último año no te has puesto, sácalas para que lleguen nuevas cosas a tu vida. Recuerda que para recibir debes tener tus manos vacías.

Ya que sacaste todo, en la cubeta pon agua, el jugo de los limones y el alcanfor. En la cubeta vacía la mezcla y limpia todo el lugar muy bien con el trapo. Piensa que todo tiene una solución y puedes encontrar lo que necesitas para cambiar todo lo que te afecta.

Una vez bien limpio el lugar, organiza muy bien tu ropa y vuélvela a meter. Puedes decretar: "Yo tengo la solución a mi problema y voy a hacer algo por remediar mi situación".

Para acabar con tus propios demonios

Lo que necesitas:
> Agua.
> 1 coco.
> 1 recipiente.
> 3 puños de romero fresco.
> 3 ramas de pirul.

▰ PROCEDIMIENTO

Durante tres días come coco en ayunas para purificarte. Pon a hervir en agua los tres puños de romero y las tres ramas de pirul. Métete a bañar antes de lavarte con jabón, con el agua de romero y el pirul. Para limpiar tus pies, visualiza cómo todos tus demonios (miedo, ira, envidia y mucho más) se desprenden de ti. Después limpia tus pies con jabón y enjuágate con agua limpia. Ya que lo hiciste con tus pies, ahora vacía el resto del agua de romero y pirul de la cabeza hacia abajo, y de la misma manera despréndete de cada uno de tus demonios. Una vez hecho eso, lávate bien con jabón y agua limpia.

Decreta: "Yo estoy libre de mis demonios (nombra todo lo negativo que venías acumulando como la depresión, el miedo, la envidia, etcétera) y ahora estoy lista(o) para recibir amor, prosperidad, abundancia y todo lo positivo llega a mi vida".

Para evitar ataques energéticos

Lo que necesitas:
> 1 botella opaca.
> 1 copa de aceite.
> 1 copa de vidrio.
> 1 rosa blanca.

PROCEDIMIENTO

En un día de luna menguante arranca los pétalos de la rosa y da gracias por lo que te va a ayudar. Ponlos en la copa. Llena la copa con aceite y tápalo. Deja reposar en un lugar fresco por siete días. Todos los días mueve el aceite para que se mezcle con la esencia de la flor. El día ocho cuela el aceite y colócalo en la botella opaca. El día nueve pon nueve gotas de aceite en tu mano izquierda; con la mano derecha pon puntos alrededor del marco de la puerta de tu casa o negocio y espárcelas. Mentaliza cómo proteges el lugar de la mala energía.

Después de hacerlo en tu puerta, también necesitas proteger tu propia energía. En tu mano izquierda coloca tres gotas; con el dedo medio de la mano derecha pon un punto de aceite en la frente y una atrás de tu cabeza pensando cómo te sellas; con ello impides que te ataquen energéticamente.

Decreta: "Yo soy creación divina y nada ni nadie puede atacarme energéticamente en ninguna dimensión porque estoy protegido por (di el nombre del ser superior en quien confías)".

Para problemas con una persona

Lo que necesitas:
> 1 copa de agua.
> 1 fotografía de la persona con la que tienes problemas.
> 1 piedra de carbón.
> Papel blanco.
> Pluma de tinta negra nueva.

PROCEDIMIENTO

En una noche de luna menguante, coloca la fotografía de la persona con la que tienes conflictos en la copa, ponle agua y mete la piedra de carbón. Esa noche déjala cerca de tu cama y antes de dormir visualiza cómo la piedra de carbón absorbe por completo todos los problemas con la persona.

Al otro día escribe en el papel: "Yo (tu nombre completo) quiero y deseo solucionar los problemas que tengo con (nombre de la persona con la que tienes problemas)". Piensa bien qué quieres, recuerda que siempre debes trabajar en positivo. Coloca el papel dentro de la copa y métela en el congelador hasta que se solucionen los problemas. Cuando se solucionen los conflictos, saca la copa del congelador y tira el contenido al drenaje.

Para alejar a una persona que te está haciendo mucho daño (1)

Lo que necesitas:
> 1 cañón de metal pequeño.

PROCEDIMIENTO

Este ritual se hace cuando verdaderamente una persona te está causando muchos conflictos que dañan tu vida. Con el cañón apunta hacia la persona con la que tienes problemas y decreta que esa persona se retire de tu camino. Visualiza cómo la paz y la tranquilidad llegan a ti y esa persona se retira para siempre de tu vida.

Para alejar a una persona que te está haciendo mucho daño (2)

Lo que necesitas:
> 1 estampa de san Benito Abad.

PROCEDIMIENTO

En el primer día de luna menguante, coloca una estampa de san Benito Abad en la puerta de tu casa viendo hacia fuera y haz la oración que viene al reverso. Esto te ayudará para eliminar cualquier situación negativa que quiera entrar a tu casa. Si puedes colocar la imagen viendo hacia la persona que te está causando mucho daño, san Benito se encargará de retirar todo ese mal. O bien, la puedes colocar viendo hacia la casa de algún vecino que te causa problemas.

Decreta: "Te pido, san Benito, que me ayudes a eliminar todos los conflictos, los problemas y el daño que ha provocado en mi existencia (nombre de la persona que te ha dañado) y que la luz divina del universo pueda darme paz y tranquilidad".

Para alejar a una persona que habla mal de ti

Lo que necesitas:
> Silicón.
> 1 abanico.
> 1 espada.
> 1 pistola para silicón.

PROCEDIMIENTO

En la primera noche de luna llena, coloca la espada apuntando hacia abajo en una pared cerca de tu puerta y visualiza cómo esa espada corta toda la energía negativa que desprende la persona que está hablando mal de ti. Después, coloca el abanico encima (lo puedes pegar con silicón) y visualiza cómo el abanico cierra la boca de esa persona. Decreta: "Que se cierre la boca de la persona que está hablando mal de mí (si sabes su nombre, dilo) y que se corte toda mala intención que quiera provocarme".

Para retirar una brujería (1)

Lo que necesitas:
> 1 cerillo de madera.
> 1 vaso de agua bendita.
> 1 veladora negra.

PROCEDIMIENTO

En una noche de luna menguante, ve al centro de tu casa y con el agua bendita traza un círculo. Debes quedar dentro con la veladora negra. Pon agua en la vela y pásala por todo tu cuerpo pensando y visualizando cómo recoge todo el mal que te han hecho. Pide que se retire de ti todo lo negativo y todo lo que te impide avanzar en la vida. Si sabes el nombre de la persona que te ha dañado, di su nombre y pide que retire todo lo malo que te ha causado. Enciende la veladora y deja que se consuma dentro del círculo, cuando salgas del círculo, ponte agua bendita en todo tu cuerpo y haz oración.

Para retirar una brujería (2)

Lo que necesitas:
> 1 botella oscura con tapa.
> 1 litro de aguardiente.
> 1 vaso de agua bendita.
> 3 varas de ruda.
> 7 clavos de especia.

PROCEDIMIENTO

En la botella vierte el litro de aguardiente, nueve tapas de agua bendita, la ruda y los clavos. Déjalo macerar por nueve días. El primer día de luna menguante, después de bañarte, enjuágate con la preparación de aguardiente y visualiza cómo todo el mal que te han hecho se desprende de tu cuerpo. Pide: "Que ese mal se aleje de mí, que todo el mal a cualquier nivel y dimensión que me han hecho o me han deseado desaparezca y con ello se liberará mi camino".

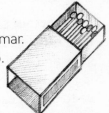

CÓMO LIMPIAR
LA ENERGÍA DE TU CASA

Para quitar la energía negativa de la casa

Lo que necesitas:
> Cerillos de madera.
> 1 recipiente de barro para quemar.
> 9 cucharadas de sal de grano.
> 9 pastillas de alcanfor.
> 9 tapas de alcohol.

PROCEDIMIENTO

Es muy importante que el recipiente en el que vas a hacer tu limpieza no vuelvas a utilizarlo para otra cosa, más bien destínalo para cuando tengas que volver a limpiar algún lugar. En cualquier momento, cuando no te estén saliendo las cosas, o bien, en el primer día de luna menguante, busca el lugar donde sientas que la energía de tu casa es muy pesada. Ponte en el centro de cada habitación de tu casa; puedes empezar por la recámara principal. En el recipiente de barro coloca la sal, el alcanfor y el alcohol, y con un cerillo de madera préndelo. Invoca la fuerza del elemento fuego, siente el calor y visualiza cómo el fuego va limpiando toda la energía negativa del lugar. Haz una oración o repite el mantra *om mani pädme hum* nueve veces. Espera a que se apague el fuego.

Si la sal no cambió de color, puedes ir a otra habitación y repitir el procedimiento. Si la sal se pone gris, café o negra, tírala en una bolsa negra, pon sal nueva y sigue limpiando las habitaciones. Al final ponte en el centro de tu casa en la planta baja y enciende fuego. Coloca tus pies cerca del recipiente y limpia tu energía. Al sentir el calor, visualiza cómo toda la energía negativa acumulada sale de tu cuerpo.

Para cambiar la energía de la casa

Lo que necesitas:
> 1 puño de sal de grano.
> ½ kilo de arroz.

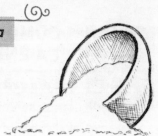

■ PROCEDIMIENTO

Este ritual se hace cuando al entrar a tu casa, sientes como si el ambiente estuviera muy denso o pesado; cuando por alguna razón no quieres permanecer mucho tiempo dentro de tu casa; cuando al estar dentro de ella sientes como si se fugara toda tu energía y tuvieras mucho sueño, sin ganas de hacer nada. En general, esto se siente cuando se acumula demasiada energía negativa en un lugar.

En una noche de luna llena, ponte en la puerta de tu casa y echa el puño de sal hacia fuera diciendo: "Aquí, a la puerta de mi casa, yo cambio toda la energía negativa que pueda haber en mi hogar en energía de abundancia, prosperidad y progreso".

Gira en sentido contrario a las manecillas del reloj y entra a la casa tirando puñitos de arroz. Recorre todas las habitaciones de la casa. Lo importante es que mientras avientas los puños de arroz, pienses en todas la bendiciones que quieres que lleguen.

Por último, echa un puño de arroz hacia fuera de tu casa y ofrécelo a los seres hambrientos. Di: "Yo les doy trabajo para que me ayuden a (hacer tu petición)" y ofréceles una oración.

Cambiar el chi (energía) de la casa

Lo que necesitas:
> 1 cuchillo nuevo.
> 9 naranjas.

▓▓▬ **PROCEDIMIENTO**

Al igual que el anterior, este ritual puede hacerse cuando al entrar a tu casa sientes que el ambiente está muy denso o pesado. Recuerda que esto se experimenta cuando se ha acumulado demasiada energía negativa en el lugar.

En una noche de luna llena, ve a la cocina de tu casa y corta nueve círculos de la cáscara de cada una de las nueve naranjas con el cuchillo nuevo. Al final tendrás 81 círculos de las cáscaras.

Hay dos formas de hacer este ritual. La primera es que te pongas en la puerta de tu casa y camines hacia dentro aventando puñitos de cáscaras en todas la habitaciones del lugar. Visualiza cómo las cáscaras absorben toda la energía negativa que existe. Deja las cáscaras nueve días; ya secas, quémalas y tira su ceniza en una bolsa negra a la basura.

La segunda forma consiste en dejar distintos puños de las cáscaras en ciertos lugares de la casa. Deja uno cerca de la puerta principal, pon un puño en cada esquina dentro de la casa. Visualiza cómo las cáscaras absorben toda la energía negativa que existe. Deja las cáscaras nueve días, ya secas quémalas y tira la ceniza en una bolsa negra a la basura.

Quemar los demonios de la casa

Lo que necesitas:
> Cerillos de madera.
> Horno de la estufa.
> 1 recipiente.
> 3 cucharadas de sal de grano.
> 3 inciensos de canela.
> 3 inciensos de coco.

PROCEDIMIENTO

Si en tu casa alguno de los integrantes de tu familia siente miedo, depresión, frustración, envidia, ira, falta de confianza en sí mismo, miseria —no sólo material sino espiritual—, enfermedad, todos ellos son demonios que impiden avanzar en vida.

Puedes hacer este ritual en una noche de luna menguante. Para quemar los demonios, primero, con los tres inciensos de coco, pasa por toda tu cocina limpiándola energéticamente. Después, quita todo lo que esté dentro del horno de la estufa, límpialo con jabón y agua, y pasa los inciensos de coco por todos los rincones del horno. Luego, coloca el recipiente con la sal de grano tres días en el horno ya limpio, para que absorba todo lo negativo. Pasados los días, tira la sal en una bolsa negra a la basura.

Al cuarto día, con el cerillo de madera prende el horno de la estufa por nueve minutos. Apágalo, espera a que se enfríe y pasa tres inciensos de canela por el horno, la estufa y cada esquina de la cocina. Este incienso activa la abundancia. Repite tres veces por semana este ritual, hasta que se sienta diferente el ambiente.

En China, el horno de la estufa está asociado con la abundancia, la prosperidad y la sexualidad, así que si tu horno está descompuesto, lleno de cosas y sucio, tendrás problemas con el dinero, la salud de las mujeres de esa casa, además de problemas de tipo sexual.

Para limpiar y proteger tu casa

Lo que necesitas:
> 1 atomizador.
> 1 esencia de sándalo.
> 1 olla de barro.

> 1 taza de agua.
> 3 flores blancas.
> 27 granos de comino.

PROCEDIMIENTO

Escoge una hora de soledad para hacer este ritual, sin interrupciones, en los tres primeros días de luna menguante. Vierte la esencia de sándalo en el atomizador y pasa por todas las esquinas de cada una de las habitaciones de tu casa rociando la esencia; deja la cocina al último. En el centro de ella avienta tres chorritos de sándalo sobre tu cabeza para purificar tu energía. Aspira el olor y dispara tres chorritos de la esencia en cada una de las esquinas de la cocina. Esto remueve la energía negativa que hay en el lugar.

Cierra todas las puertas y ventanas y pon a hervir el agua con los cominos durante nueve minutos. Mientras hierve, debes estar en la cocina. Cuando suelte el olor, aspíralo y visualiza cómo limpia tu energía y la energía negativa que se había acumulado en tu casa. Cuando la casa se impregne del olor de los cominos, apaga la lumbre y abre puertas y ventanas. Visualiza cómo en ese momento la energía negativa sale del lugar.

Haz una oración pensando en que la paz, el amor, la armonía, la abundancia, la prosperidad y el progreso llegan a tu casa.

Para proteger tu casa de malos espíritus

Lo que necesitas:
> 1 espejo de primer cielo o espejo de bagua plano.
> 1 espejo de primer cielo o espejo de bagua convexo (con panza).

PROCEDIMIENTO

Los malos espíritus utilizan puertas dimensionales (como los espejos) para entrar a una casa. Si tienes algún espejo en el punto cardinal sureste de la casa, favorece la entrada de este tipo de entidades, por lo que debes quitar el espejo de ese lugar.

Los espejos de primer cielo son espejos especiales que tienen los trigramas en secuencia del cielo anterior y actúan como protectores muy poderosos que impiden el paso de lo malo a los lugares. Siempre se debe cuidar que los espejos no queden dentro de un espacio, ya sea casa, oficina o negocio, porque atraen hacia ellos lo malo. Insisto, siempre deben estar fuera de las construcciones. Para los que no sepan cómo son estos espejos, los puedes encontrar en tiendas que vendan artículos chinos; son de madera, amarillos, con el espejo en el centro. El espejo puede ser plano, cóncavo (con cavidad o bien con la panza sumida), convexo (con la panza hacia fuera). Cada uno tiene su propia función: los planos absorben la energía negativa, los cóncavos eliminan la energía negativa y los convexos rebotan la mala energía. Alrededor del espejo podrás notar que hay unas rayitas, son los trigramas; sólo debes asegurarte que el trigrama tenga las tres rayas continuas en la parte de arriba, donde seguramente tendrá algo de donde colgarlo y las tres rayitas separadas queden en la parte de abajo. Si estos dos trigramas no te coinciden, la secuencia está mal y el espejo no te sirve.

El ritual es muy sencillo. En luna llena, después de las doce de la noche, pon un espejo convexo arriba del marco de tu puerta principal, por la que entran a tu casa. El espejo debe quedar fuera de ella. Repite 99 veces el mantra om mani pädme hum, o bien, haz la oración que prefieras. Decreta: "Tú estás aquí para proteger mi casa y a todos los que habitamos en ella ante cualquier situación negativa".

Ya que protegiste la entrada, coloca el espejo plano de primer cielo arriba del marco de la puerta trasera fuera de tu casa, y repite 99 veces el mantra om mani pädme hum, o bien, haz la oración que prefieras. Decreta: "Tú estás aquí para proteger mi casa de los malos espíritus y malas intenciones que quieran causarnos algún daño".

CÓMO ABRIR LOS CAMINOS

Para abrir los caminos

Este ritual es bueno cuando estás en crisis y sientes que no avanzas en la vida.

CAPÍTULO 4

Lo que necesitas:
> Agua.
> Agua de rosas o esencia de cítricos.
> 1 cerillo de madera.
> 1 incienso de pino.
> 1 tina.
> 1 toalla blanca.
> 9 gotas de tu perfume o loción favorita.

PROCEDIMIENTO

El mejor lugar para hacer el ritual es en un sillón cómodo o en el lugar de casa que más te guste. Necesitas dedicarte por lo menos quince minutos sin que nada te interrumpa. Pon cerca de ti todo lo que vas a necesitar para que no pierdas concentración.

Llena la tina con agua calientita y agrega agua de rosas o esencia de cítricos, la que prefieras, y las nueve gotas de tu perfume o loción favorita. Después, pon música con sonidos ambientales, o bien, si tienes algún mantra, escúchalo. Enciende tu incienso de pino, siéntate y haz tres respiraciones profundas. Cierra tus ojos y visualízate como si estuvieras a la orilla de un río. Huele y siente la naturaleza, escucha el sonido que hacen el agua, las aves y los árboles, y siente la briza en tu piel. Una vez sintonizado con esa energía, mete tus pies. Piensa que es como si estuvieras entrando a un río. Mantente pensando que estás en ese lugar, abre tus ojos y lava bien tus brazos de los codos hacia los dedos, pensando que todo lo negativo que hayas tocado o dejado pasar a través de tus manos se desprende de ti. Luego, toca tu frente y limpia tu tercer ojo para limpiar la energía y permitir que puedas ver nuevas oportunidades y se abran maravillosos caminos en tu vida. Cuando termines de quitar todo lo malo, da gracias. Saca tus pies de la tina y ponlos en la toalla blanca. Ahí visualiza una luz blanca que los envuelve y pídele a tu ser superior que te ilumine para seguir adelante en tu vida. Di: "Hoy caminaré sin peso y avanzaré en mi vida".

Para despejar los caminos en tu vida

Lo que necesitas:
> 1 figura de Tara Verde.
> 1 hoja de papel de color verde.
> 1 incienso de sándalo.
> 1 llave.
> 1 pluma de tinta negra nueva.
> 3 gotas de tu perfume favorito.

La Tara Verde, "la que ayuda", es una deidad conocida como la Buda de la Actividad Iluminada. Ayuda a la liberación del miedo y la pereza, a superar los obstáculos que se presenten en la vida, concede todo el éxito en el trabajo y da vitalidad y fuerza para conseguir todo lo que te propones y pides en realidad con el corazón: ayuda a convertir la ideas en acción.

Su mantra es *om tare tuttare ture soha*. Repetir 108 veces este mantra ayuda a liberarnos del sufrimiento, elimina los obstáculos creados por el miedo y la pereza, y ayuda a tener acción en nuestras vidas para conseguir todo lo que nos propongamos en positivo.

▨ PROCEDIMIENTO

Si en este momento de tu vida nada está bien ni ha resulatdo como quisieras, enciende el incienso y limpia la figura de la Tara Verde. Después, pásalo por todo tu cuerpo limpiándote energéticamente. Después, escoge el punto más bonito que tengas en tu casa u oficina, o bien, en el punto cardinal sur, que tiene que ver con los logros, el éxito, la fama y la fortuna, y coloca ahí la Tara Verde. Escribe en el papel verde que esa llave te abra los caminos y te quite los obstáculos que no te dejan avanzar, anota tu nombre completo con fecha de nacimiento y ponle las tres gotas de tu perfume favorito. Deja el papel debajo de la Tara Verde y la llave siempre llévala contigo.

Para retirar lo malo y abrir tu camino; para atraer la buena suerte

Lo que necesitas:
> Albahaca.
> Girasol.
> Miel de abeja.
> 1 recipiente.
> 2 huevos.
> 9 gotas de tu perfume favorito.
> 12 cucharadas de sal de grano.

▨ PROCEDIMIENTO

En el primer día de luna menguante, pon los huevos para que absorban todo lo negativo que tienes en tu ser. En el recipiente pon tres cucharadas de sal de grano y los huevos. Déjalos nueve días bajo tu cama, después sácalos en una bolsa negra sin romper.

El día que tires los huevos y la sal, pon a hervir en agua sal de grano y albahaca. Después de bañarte, enjuágate con esa agua.

Cuando salgas del baño, ya en tu recámara, toma el girasol (trae éxito y suerte), ponle un chorrito de miel y nueve gotas de tu perfume favorito. Pasa el girasol por todo tu cuerpo pensando en lo que deseas tener.

PARA EL TRABAJO

Para conseguir trabajo (1)

Lo que necesitas:
> Cerillos de madera.
> 1 billete de dólar.
> 1 brújula.
> 1 hoja blanca de papel.
> 1 incienso de canela.
> 1 piedra de malaquita.
> 1 pluma de tinta negra nueva.
> 1 veladora azul marino.

PROCEDIMIENTO

Para realizar este ritual, primero debes limpiar la energía del lugar con alguno de los rituales anteriores. Lo puedes hacer martes o jueves, o bien, en el primer día de luna creciente. Enciende el incienso con un cerillo de madera y camina del centro de tu casa hacia el punto cardinal norte (ve al centro de tu casa con la brújula y camina hacia fuera, hacia donde apunte la aguja o flecha roja de la brújula: ése es el norte), cuando vayas caminando piensa que el olor de la canela activa la prosperidad, ya que estás ubicado en el punto cardinal norte, que es el área del trabajo, siéntate y escribe en el papel: ¿Qué trabajo quieres? Con todas sus características, pon tu nombre completo y tu fecha de nacimiento, enciende la veladora azul marino, lee nuevamente tu deseo y quema el papel en la veladora dando gracias. Pon el billete de dólar con la malaquita cerca de la veladora, deja consumirla y al otro día guarda tu billete en la cartera y lleva tu malaquita, cada vez que la tengas en tu mano piensa y agradece el trabajo solicitado.

Para conseguir trabajo (2)

Lo que necesitas:
> 33 globos negros inflados con gas helio.
> 33 globos plateados inflados con gas helio.
> 33 globos morados inflados con gas helio.
> 1 listón rojo de 108 cm.
> 1 brújula.
> Hoja de papel verde
> 1 pluma de tinta negra nueva.

PROCEDIMIENTO

Éste es un poderoso ritual que, si lo haces con la intensidad necesaria, surte muy buenos resultados. En el primer día de luna llena a las doce de la noche, describe en el papel verde en detalle el trabajo que quieres tener y al final escribe GRACIAS. Con un listón rojo amarra el papel a los globos y déjalos en el área de trabajo de tu casa que corresponde al punto cardinal norte (con la brújula ponte en el centro de tu casa y ve hacia fuera, hacia donde apunte la aguja o flecha de la brújula es el norte), cuida que el listón toque el piso para que le dé la fuerza de la tierra al ritual. En este punto deja los globos hasta que se desinflen, quita tu papel donde tienes tu deseo, luego tira los globos. Pon tu papel de deseo bajo tu almohada y cada noche por 27 días continuos, antes de dormirte, da gracias por el trabajo que está en camino hacia ti.

Para conseguir trabajo (3)

Lo qué necesitas:
> 1 cucharada de canela en polvo.
> 1 cucharada de nuez moscada.

> 1 hoja de papel blanca.
> 1 incienso de pino.
> 1 pluma de tinta azul nueva.
> 1 recipiente para quemar.
> 7 hojas secas de perejil.

▇ PROCEDIMIENTO

Siempre recomiendo que, antes de hacer un ritual para atraer energía, se haga un ritual para eliminar toda la energía negativa. Ve a los capítulos 2 y 3 y escoge cuál quieres hacer. Ya que desplazaste toda la energía negativa, prende el incienso de pino y pídele a la energía positiva de tu casa que te ayude a lograr lo que quieres. Camina en la planta baja de tu casa y lleva el incienso por las cuatro esquinas, dando tres golpecitos para activar la energía. Camina hacia el punto cardinal norte (con la brújula ponte en el centro de tu casa y ve hacia fuera: hacia donde apunte la aguja o flecha roja de la brújula es el norte), en el papel escribe lo que quieres tener, sé muy detallado, pon tu nombre completo y fecha de nacimiento. De esto haz dos porque lo vas a repetir.

En el recipiente ve colocando la nuez moscada, la canela, las hojas de perejil; mientras lo haces piensa en cada característica del trabajo que deseas tener. Lee completo tu deseo, imagínate cómo te sentirás cuando tengas lo que pediste, disfruta, goza y da las gracias. Después quema tu papel para que el universo se encargue de él. Este ritual se debe hacer tres martes seguidos.

Para cambiar de trabajo

Lo que necesitas:
> Imagen de san José.
> 1 hoja de papel verde.

> 1 pluma de tinta negra.
> 1 veladora verde oscuro.
> 1 veladora morada.
> 1 veladora púrpura.

PROCEDIMIENTO

Como en el caso anterior, ve a los capítulos 2 y 3 y escoge el ritual que prefieras para limpiar la energía negativa. En la primera noche de luna llena, ponte en el centro de tu casa y describe el trabajo al que te quieres cambiar; recuerda ser muy específico, menciona todas y cada una de las características que deseas tenga tu nuevo trabajo. Pon tu nombre completo y tu firma. Ya que estés seguro de lo que pediste, coloca tu deseo bajo tu almohada y durante tres días continuos, antes de dormir, lee tu deseo y da las gracias. Al cuarto día, antes de ir a tu actual trabajo, ve al centro de tu casa y enciende las veladoras. Cuida bien que el lugar donde las dejes encendidas no represente peligro.

Decreta: "Quiero un trabajo para estar mejor y crecer laboralmente, por eso te ruego a ti, señor san José obrero, que me ayudes en mi búsqueda. Gracias". Coloca la imagen en el punto cardinal norte de tu casa (sigue el mismo procedimiento de la brújula ya mencionado).

Para obtener un ascenso en el trabajo

Lo que necesitas:
> 1 frasco pequeño de pintura roja.
> 1 pincel.
> 4 calzas de madera.

▓▓ PROCEDIMIENTO

Siempre recomiendo que antes de hacer un ritual para atraer energía se haga uno para quitar toda la energía negativa: ve a los capítulos 2 y 3 y escoge el que quieras hacer. Este ritual se realiza cuando sientes que no eres valorado en tu trabajo o deseas ser tomado en cuenta para una mejor posición y lograr un ascenso.

Para darle fuerza a tu trabajo, necesitas elevar la energía de tu escritorio, con el cual se logra que te tomen en cuenta. Para hacer este ritual, manda hacer en una carpintería cuatro calzas de madera para subir tu escritorio de 1.5 a 3 centímetros, según puedas hacerlo. Las calzas son cuadros de madera donde se asientan las patas del escritorio; considera hacerlas más grandes que las patas para evitar que se caiga. Ya que tengas las calzas, espera a la primera noche de luna llena a las 11 pm. Con la pintura roja y el pincel pinta una cara de cada una de las calzas, la que colocarás hacia el piso; cuando lo estés haciendo decreta que lograrás tu ascenso y pide lo que quieras obtener, recuerda pedir con detalle. Deja secar las calzas a la luz de la luna. Al día siguiente procura llegar temprano a tu trabajo para que puedas levantar el escritorio; cuida que lo rojo de la pintura quede hacia el piso, visualiza lo que quieres lograr y agradécelo.

Para acabar con pleitos y discusiones en el trabajo

Lo que necesitas:
> 1 piedra de carbón grande.
> 1 plato o recipiente.

■ PROCEDIMIENTO

Este ritual es muy poderoso, ya que el carbón actúa absorbiendo toda la energía negativa. Es muy importante que sepas lo que quieres solucionar en específico. No es lo mismo decir "Quiero que toda la energía negativa que hay en mi trabajo se absorba", a decir "Quiero que se absorban la energía negativa, los pleitos y las discusiones que puedan llegar a perjudicarme en mi trabajo".

El primer día de luna menguante coloca una piedra de carbón en el área de trabajo de tu casa o en el punto cardinal norte (con la brújula ponte en el centro de tu casa y ve hacia fuera, hacia donde apunte la aguja o flecha roja de la brújula es el norte). Si quieres reforzar este ritual, lo puedes hacer también en tu trabajo, sólo que ahí busca un lugar especial, pudiera ser un cajón donde puedas colocar el carbón para que no se vea; cuando lo hagas piensa que la piedra absorbe todos los pleitos y las discusiones que estás enfrentando. Déjala por nueve días. Si continúan los problemas, cambia la piedra de lugar, sácala sin tocarla en una bolsa negra y pon otra piedra de carbón nueva por otros nueve días. Al momento en que vuelvas a colocar la piedra, visualiza cómo todos los pleitos y las discusiones se van tranquilizando hasta desaparecer, y finalmente agradece por la tranquilidad que llega.

Para evitar que te quiten tu trabajo y los líos legales

Lo que necesitas:
> Cerillos de madera.
> 1 chorrito de agua.
> 1 esponja nueva.
> 1 vasija.
> 3 inciensos de coco.

> 9 cubos de hielo.
> 9 cucharadas de alcanfor.

PROCEDIMIENTO

Este ritual sirve para evitar pleitos legales o impedir que te despidan del trabajo; el procedimiento es igual pero el decreto cambia. Recuerda que el decreto es la forma en que dices al universo lo que deseas. Es muy importante que sepas pedir y ser muy específico, decir las cosas que deseas con todo detalle.

Este ritual necesita de disciplina y voluntad, ya que se debe hacer por nueve días consecutivos a la misma hora que escojas; si lo interrumpes o no lo haces a la misma hora, pueden empeorar las cosas, así que para hacerlo debes tener la voluntad de que nada se interpondrá para que lo logres.

En el primer día de luna llena enciende los inciensos con cerillo de madera y pasa con ellos por tu cocina para purificar la energía del lugar. Después, purifica tu energía pasando los inciensos por tu cuerpo y visualizando cómo se desprende y elimina la energía negativa acumulada. Ya que estás purificado, coloca en la vasija los hielos, el alcanfor y un chorrito de agua. Durante quince minutos exactos limpia la estufa y el horno con la esponja nueva, decretando lo que quieres obtener y repetir 99 veces: *om mani pädme hum*. Recuerda que lo tienes que decir nueve días seguidos a la misma hora.

PARA EL DINERO

Para sanar tus finanzas

Lo que necesitas:
> Agua.
> 1 fibra nueva.
> 1 gota de limón.
> 1 recipiente.
> 9 cucharadas de amonio.

PROCEDIMIENTO

En el feng shui, la estufa representa el estado de la economía del hogar, la salud y la sexualidad; por lo que si tu estufa está muy sucia, sin dudas el dinero no te rendirá, pero, a la vez, si tienes muchas cosas dentro del horno, se presentarán problemas en la matriz para la mujer de la casa o ciertos problemas en la sexualidad en general.

El primer día de luna menguante, limpia física y energéticamente la estufa. Para ello, en el recipiente coloca el agua, el amonio y una gota de limón. Con la fibra haz una buena limpieza de tu estufa; cuando lo estés haciendo, visualiza cómo vas eliminando los problemas económicos; con todo tu corazón decreta que el dinero que llegue a tu casa te rinda y puedas hacer un ahorro y así sanar tu economía.

Los problemas en la salud y en la matriz se presentan cuando llenas el horno de tu estufa con varias cosas; por ello, saca todo y límpialo perfectamente. Busca otro lugar donde colocar las cosas; si no lo tuvieras, cuando menos acomoda todo muy bien.

Los problemas sexuales se solucionan cuando calientas el horno de la estufa, pues así se activa la sexualidad. En caso de tener demasiada actividad sexual y deseas aquietarla un poco, coloca un recipiente con agua por tres días, luego saca el agua y tírala.

Para que llegue el dinero a casa

Lo que necesitas:
> Aceite de cítricos.
> 1 rana dorada de tres patas.
  con monedas.
> 9 gotas de tu perfume o
  loción favorita.

PROCEDIMIENTO

Siempre recomiendo que antes de hacer un ritual para atraer energía, hagas otro para eliminar toda la energía negativa. Ve a los capítulos 2 y 3 y escoge cuál quieres hacer. En el feng shui, la rana de tres patas significa la fortuna y el dinero.

En la primera noche de luna nueva, pon en tus manos tres gotas de aceite de cítricos y nueve de tu perfume o loción favorita; frótalas y empieza a acariciar la ranita dorada de tres patas, pensando y visualizando que trae dinero a tu casa. Luego, colócala bajo la mesa del comedor cuidando que vea hacia dentro de la casa, de lo contrario, el dinero se alejará. Cada luna nueva, coloca una moneda en su hocico para que el dinero fluya, y la moneda que quitas, guárdala en un cofrecito de madera.

Puedes ubicar otra ranita dorada de tres patas cerca de la puerta de tu casa por dentro, como si estuviera llegando a traerte dinero. La patita trasera tiene que estar orientada hacia la puerta, mientras la ranita debe ver hacia dentro de tu casa. Haz la misma preparación del aceite y perfume para que la impregnes de tu energía, y cada luna nueva ponle una moneda en su hocico para que el dinero siga fluyendo. Cuando la veas dale las gracias por el dinero que trae a tu casa.

Para atraer dinero (1)

Lo que necesitas:
> Figura de los Tres Dioses de la Prosperidad.
> 1 recipiente metálico.
> 9 cucharadas de arroz.
> 9 gotas de esencia de canela.
> 9 gotas de esencia de naranja.
> 9 gotas de esencia de limón.

Los Tres Dioses de la Estrella son los más sagrados para el feng shui, ya que representan salud, riqueza y longevidad.

Lu: representa la salud y la familia. Lleva un bebé en brazos.

Fuk o Fu: es la figura central; a menudo está de pie y es más alto que los otros dos; se identifica por dos alas sobre el cuello de su traje color rojo. Fuk está asociado a la autoridad y se le conoce como el Dios de la riqueza y el valor.

Shou: es el Dios de la Longevidad, lleva un palo de pino o un báculo en su mano izquierda y un melocotón en la derecha.

PROCEDIMIENTO

Este ritual se debe hacer en la primera noche de luna llena a las doce en punto. Mezcla las gotas de las tres esencias y limpia con ellas cada deidad. Piensa cómo ellas traen la riqueza y la salud a tu casa. Después, colócalos en la línea de oro de tu casa, en el punto cardinal sureste. En el feng shui, éstos son recursos para activar el dinero, ya que durante veinte días, a partir del séptimo mes lunar que es agosto –mes del mono–, se pueden pedir favores al dios Fuk que te serán concedidos.

Para atraer dinero (2)

Lo que necesitas:
> Cuadro de dinero.
> Cofre de madera con monedas.

PROCEDIMIENTO

Te recomiendo que antes de hacer un ritual para atraer energía, hagas un ritual para quitar toda la energía negativa. Para ello, ve a los capítulos 2 y 3 y escoge el que te guste.

Para hacer este ritual, primero debes saber dónde se encuentra el área de la riqueza o el dinero de tu casa; si lo haces por el bagua, necesitas un plano de tu casa, si no haz un dibujo de la planta baja de tu casa, que tenga todas las habitaciones y dibuja un rectángulo que abarque toda la superficie, dejando siempre la puerta de entrada principal en la parte inferior del recuadro. Divide este rectángulo en dos líneas verticales y dos horizontales, de modo que queden nueve espacios iguales. La esquina superior del lado izquierdo del plano es el área de dinero. Esto lo puedes hacer en cada habitación de tu casa para saber dónde quedan las áreas en cada una. Ya que localizaste el área de dinero por el bagua, en caso de que resulte un baño, en este lugar no se puede hacer este ritual, ya que te traería pérdidas de dinero. Si quieres saber cuál es el sector del dinero por brújula, ponte en el centro de tu casa, alinea la flecha roja de la brújula con el norte y, sin moverte ni mover la brújula, ve adonde abarque los 112.5° a 157.5°, éste es el sureste y es la línea de oro o sector del dinero.

El primer día de luna creciente, coloca un cuadro de dinero en la línea de oro de tu casa en el punto cardinal sureste. Abajo del cuadro, pon un cofre de madera con monedas adentro para que llegue dinero y a la vez se quede.

Para que llegue dinero al matrimonio

Lo que necesitas:
> Un cuadrado de 9cm por lado de tela roja.
> 1 bagua.
> 1 espejo octagonal.
> 1 sobre rojo chino.
> 9 arras.
> 9 monedas chinas.

PROCEDIMIENTO

Siempre recomiendo que antes de hacer un ritual para atraer energía se haga otro para quitar toda la energía negativa: ve a los capítulos 2 y 3 y escoge el que prefieras.

En un día de luna llena, pon dentro del sobre las nueve monedas y las nueve arras. Coloca la tela roja debajo de tu cama a la altura de tu mano izquierda. En el centro de la tela pon el bagua, el espejo octagonal y encima el sobre rojo. Una vez que todo esté en su lugar, repite 99 veces *om mani pädme hum*. Visualiza y decreta: "El dinero llega continuamente a nosotros sin problemas para comprar lo que queremos, pagar lo que debemos y para que nos quede dinero para ahorrar". Después da gracias.

PARA LA PROSPERIDAD

Para atraer la prosperidad

Lo que necesitas:
> 1 canasta.
> 4 flores rojas sin espinas.
> 5 flores amarillas sin espinas.
> 9 gotas de tu perfume favorito.
> 9 gotas de vainilla.
> 9 monedas.
> 9 ramas de albahaca.
> 9 ramas de ruda.

PROCEDIMIENTO

Para hacer este ritual, es necesario hacer primero otro de purificación energética, tanto de tu energía como de la de tu casa; puedes verlos en los capítulos 2 y 3.

Este ritual es muy fuerte, pero tú lo harás poderoso, si al realizarlo pones toda tu buena intención, tu corazón y tu energía positiva. Después de despejar la energía negativa, visualiza qué es la prosperidad para ti. Imagina lo que quieres tener, sentir, gozar y disfrutar cuando la tengas. Una vez que esa idea esté fija en tu mente, toma la canasta y, pensando en cada una de las cosas que deseas, ve colocando las ramas de ruda y albahaca como si depositaras cada una de las cosas que para ti son la prosperidad. Luego, pon las flores amarillas y rojas, y luego las gotas de vainilla y de tu perfume favorito. Decreta: "Yo estoy lista (o) para recibir la prosperidad" y coloca las nueve monedas. Y al final da gracias por lo maravilloso que va a llegar.

Pon la canasta cerca de tu buró y el primer día de luna llena coloca nueve gotas de esencia de vainilla pensando en lo que quieres.

Para activar la prosperidad (1)

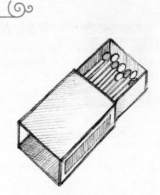

Lo que necesitas:
> Cerillos de madera.
> 1 incienso de mirra.
> 1 pluma de tinta negra nueva.
> 3 hojas de papel verde.
> 3 sobres rojos chinos.

PROCEDIMIENTO

Siempre recomiendo que, antes de hacer un ritual para atraer energía, se haga otro para eliminar toda la energía negativa; ve a los capítulos 2 y 3 y escoge el que quieras hacer.

Para hacer este ritual, necesitas saber qué deseas obtener. Recuerda que hay que saber pedir, hay que ser muy detallistas ¿Qué quiero, cómo lo quiero, cuándo lo quiero? Ya que estés listo, en la primera noche de luna llena escribe tu deseo en cada una de las hojas, con tu nombre completo y tu fecha de nacimiento. Pon las hojas dentro de cada sobre.

Ya que tienes tus tres sobres con tu deseo dentro, enciende el incienso y pásalo por los sobres. Camina hacia tu clóset y pega uno de los sobres dentro de la puerta y decreta: "Yo voy a obtener lo que estoy pidiendo", y agradece al universo que te cumple. Después, ve a tu cabecera y pega el segundo sobre y vuelve a decir el decreto: "Yo voy a obtener lo que estoy pidiendo", y agradece al universo que te cumple. Pon el último sobre entre la base de tu cama y el colchón al nivel de tu cabeza y repite el decreto.

Durante 27 días en la noche, antes de dormirte, visualiza cómo te llega lo que pediste. Después de los 27 días, quema los sobres con un cerillo de madera.

Para activar la prosperidad (2)

Lo que necesitas:
> Cerillos de madera.
> 1 figura de 8 o de infinito.
> 1 incienso de canela.
> 1 incienso de naranja.
> 1 incienso de vainilla.

PROCEDIMIENTO

Para atraer energía positiva a tu vida, lo primero que debes hacer es deshacerte de la energía negativa acumulada, por lo que te recomiendo hacer alguno de los rituales de los capítulos 2 y 3.

Ya que estés purificado, en la noche de luna creciente enciende los tres inciensos con cerillo de madera. Pasa por cada esquina de tu casa dando tres golpecitos con los inciensos: piensa cómo la energía de abundancia se activa en tu casa. Después, toma la figura de 8 y límpiala con los inciensos, visualiza cómo se llena de prosperidad. Luego, colócala al sur de tu casa entre 157.5 ° a 202.5°, que es el sector de la fama, el éxito y el logro. Recuerda dar tu intención al ritual diciendo el decreto: "Yo (nombre completo) me abro a las infinitas oportunidades que el universo me dé para tener una vida muy próspera".

Para activar la prosperidad (3)

Lo que necesitas:
> Especias de clavo.
> 1 recipiente hondo.
> 3 cucharadas de azúcar.
> 3 cucharaditas de canela en polvo.

> 9 limones.
> 9 mandarinas.
> 9 naranjas.

▰ PROCEDIMIENTO

Siempre te recomiendo que, antes de hacer un ritual para atraer energía positiva, hagas otro para eliminar toda la energía negativa. Ve a los capítulos 2 y 3, y escoge el que más te guste.

Con tu energía limpia, en la noche del primer día de luna llena, en tu cocina toma las especias de clavo y encaja nueve en cada naranja, en cada mandarina y en cada limón. Cuando encajes el primer clavo, visualiza cómo llega a ti el dinero; cuando encajes el segundo, piensa en la salud; con el tercero, visualiza el amor, y así consecutivamente pensando en todo lo que hace una vida próspera. Al terminar, coloca las frutas en el recipiente y espolvorea la canela en polvo y el azúcar, pensando en la prosperidad que llega a tu vida. A este ritual dale tu intención con un decreto: "Yo (nombre completo) estoy listo(a) para recibir en abundancia la prosperidad en mi vida".

Coloca el recipiente en la mesa de tu comedor por nueve días y luego quema el contenido.

PARA EL MATRIMONIO

Para acabar con pleitos en el matrimonio

Lo que necesitas:
> Anillo de matrimonio o una joya.
> Plato blanco.
> 2 cucharadas de miel.
> 2 tazas pequeñas de agua.
> 9 pétalos de margaritas.

▇ PROCEDIMIENTO

Cuando existen muchos pleitos y discusiones entre la pareja, revisa si la puerta de la recámara principal queda frente a otra puerta (puertas enfrentadas), o bien, revisa si la puerta de la recámara principal da hacia un baño. Para disminuir el efecto negativo, coloca una esfera de cristal facetada entre ambas puertas.

Para hacer este ritual, primero debes hacer otro de purificación energética, tanto de tu energía como de la de tu casa. Estos rituales puedes verlos en los capítulos 2 y 3.

Un viernes en la tarde, después de hacer tu purificación, ve al comedor y pon dentro del plato los pétalos de las margaritas. Encima coloca el anillo y vierte el agua con miel. Es muy importante que visualices y pidas que se acaben todos los pleitos y las discusiones que tienes con tu pareja, que las palabras hirientes se conviertan en palabras tiernas, y que el amor perdure entre los dos. Después, dirígete a tu recámara y coloca el plato bajo la cama. Al día siguiente, saca el plato, quita el anillo y mete el agua al refrigerador. Déjala ahí hasta el siguiente jueves. Saca el agua y ponla en un frasco con atomizador. Rocía la recámara con esa agua, pensando en cómo deseas que sea tu relación.

Para los recién casados

Lo que necesitas:
> Hilo de bordar dorado.
> 1 aguja.
> 2 bolsitas blancas.
> 2 cáscaras secas de limón.
> 6 hojas de laurel.
> 6 varitas de canela.
> 9 cm de listón rojo.
> 9 cm de listón rosa.

PROCEDIMIENTO

Si te casaste muy enamorado captura y guarda la energía especial que hay cuando se está recién casado. Para ello, en un día de luna llena, toma la aguja y el hilo dorado y borda en cada bolsita tu nombre y el de tu pareja, pensando en el amor, la armonía, el romanticismo y la felicidad que tienen. Ya que tengas las bolsitas bordadas con el nombre, en cada una mete tres hojas de laurel, tres varitas de canela y una cáscara de limón. Cuando vayas metiendo cada una, piensa cómo la abundancia, la prosperidad, el dinero, la felicidad y el progreso llegan a tu matrimonio. Cierra las bolsitas y durante 27 días déjalas bajo tus almohadas. Antes de dormirte, da gracias por la relación que tienes con tu pareja.

Después de los 27 días, junta las dos bolsitas y enróllalas con los listones rosa y rojo, pensando en que el amor siempre perdure entre ambos. Guarda las bolsitas bajo el colchón a la altura de sus corazones.

Para mejorar la relación

Lo que necesitas:
> 1 hoja de papel rosa sin líneas.
> 1 pluma de tinta roja nueva.
> 1 plumón rosa.
> 1 vela blanca.
> 1 vela rosa.
> 3 cucharadas de azúcar morena.
> 3 cucharadas de canela en polvo.
> 40cm de popelina rosa.
> 1 fotografía de la pareja donde estén muy felices.

▬ PROCEDIMIENTO

Cuando sientes que las cosas no van muy bien con tu pareja, que no se están entendiendo como quisieras, y aún no han llegado a discusiones o enojos muy fuertes entre ustedes, es momento de hacer este ritual.

Para hacerlo, ubica el área del amor de tu recámara. Recuerda hacer un dibujo de ella y dividirlo en nueve cuadrados iguales. La esquina superior derecha de tu dibujo es el área del amor por bagua; aunque si lo quieres hacer por brújula, es de 202.5° a 247.5°; en ese sector puedes activar tu zona de amor.

Siempre que utilices velas o elementos de fuego cuida bien ponerlos en lugares donde no vayas a ocasionar ningún peligro de incendio. Te recomiendo que antes de hacer un ritual para atraer energía positiva, hagas otro para quitar toda la energía negativa. Para ello, ve a los capítulos 2 y 3 y escoge el que quieras.

En luna llena haz un mantel de 40cm x 40cm en la tela rosa. Escribe en el papel tu nombre y el de tu pareja; encima de los nombres escribe EL AMOR ES PARA SIEMPRE con el color rosa. Dirígete a tu área del amor y coloca la tela. En el centro pon el papel y encima la fotografía, coloca la velas delante y haz un círculo encerrando las velas y el papel con el polvo de canela y el azúcar. Deja que se consuman la velas, así la tela y la fotografía se quedan activando el área del amor.

Amuleto para el amor

Lo que necesitas:
> Hilo rojo para bordar.
> Imagen de san Antonio de Padua.
> 1 bolsita roja.
> 2 hojas de laurel.
> 3 claveles blancos.
> 3 claveles rojos.
> 3 claveles rosas.
> 3 gotas de esencia de rosas rojas.

PROCEDIMIENTO

Recuerda que, antes de realizar cualquier ritual para atraer energía, necesitas primero limpiar tanto tu energía personal como la de tu espacio. Para ello hay que realizar alguno de los rituales de purificación de los capítulos 2 y 3.

Ya que eliminaste la energía negativa acumulada, en el primer día de luna llena borda en la bolsita la palabra amor. Visualiza y piensa en el amor, el romanticismo, la pasión, la felicidad que quieres tener con tu pareja. En caso de que no tengas pareja, visualiza que llega a ti el hombre o la mujer ideal. Acuérdate de pensar en todos los atributos que quieres que tenga. En la bolsa bordada mete dos hojas de laurel, los pétalos de los claveles, la imagen de san Antonio de Padua y las tres gotas de rosas. Cuando vayas metiendo cada cosa, ve pensando en el amor en todo su esplendor. Cierra la bolsita y durante 27 días déjala bajo tu almohada. Antes de dormirte, decreta: "El amor viene a mí con todas sus bendiciones y yo estoy dispuesta(o) a recibirlo", da gracias.

Después de los 27 días, pon la bolsita en tu buró o donde guardas tu ropa interior. Cuida mucho que este lugar no esté desarreglado, ya que eso te traería más complicaciones en el amor.

Ritual para unir el matrimonio

Lo que necesitas:
> Cerillos de madera.
> Hilo rojo.
> 1 vela rosa de pareja besándose, donde el hombre y la mujer estén completos de pies a cabeza.
> 1 pluma de tinta roja nueva.
> 2 esferas facetadas.
> 3 gotas de esencia de rosas.
> 3 inciensos de sándalo.

PROCEDIMIENTO

Para hacer este ritual, es necesario hacer primero otro de purificación energética, tanto de tu energía como la de tu casa. Estos rituales puedes verlos en los capítulos 2 y 3. Siempre que vayas a hacer un ritual que tenga velas, asegúrate de que el lugar donde la vas a colocar no represente peligro de incendio.

En el primer día de luna llena, párate a los pies de tu cama y enciende los tres inciensos. Recorre toda tu recámara y pasa los inciensos por encima de tu cama para activar la energía positiva. Visualiza que un rayo de color rosa ilumina tu cama y piensa en cómo quieres que sea tu relación de matrimonio (llena de amor, felicidad, alegría, abundancia). Después toma las esferas y amárralas bien con el hilo rojo. Haz nueve nudos y colócalas en el área del amor de tu recámara, viendo de la puerta de tu recámara hacia dentro, en la esquina del lado derecho que ves al fondo. Toma la vela de pareja y escribe tu nombre y el de tu pareja en la base con la pluma. Úntala con la esencia de rosas pensando que se activa el amor, la pasión, la atención entre ustedes, y ponle tres gotas de la esencia en el pabilo. Luego, colócala en tu área del amor y enciéndela. Puedes dejarla consumir toda y después colocar una nueva, o bien, encenderla tres minutos cada día, siempre visualizando tu relación ideal.

Solucionar problemas en el matrimonio

Lo que necesitas:
> 1 recipiente de barro.
> 4 listones rojos de 2.25m cada uno
> 9 cucharadas de sal de grano o marina

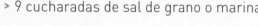

PROCEDIMIENTO

Este ritual es muy poderoso, cada vez que tengas problemas en tu matrimonio, líos legales o sientas que te están haciendo cosas negativas, hazlo y verás cómo la energía cambia.

En un día de luna menguante corta los listones y coloca uno en cada esquina de tu recámara. Cuando lo estés haciendo, piensa en el problema que quieres eliminar. Ya que estén pegados todos los listones, repite 108 veces *om mani pädme hum*. Coloca la sal en el recipiente, ponlo debajo de la cama por 27 días y cada noche decreta con fuerza: "Yo (nombre completo) tengo el poder y la solución a (decir tu problema)". Después de los 27 días, quema todo y tira los residuos en una bolsa negra a la basura.

Para que el amor perdure en la pareja

Lo que necesitas:
> Anillos de matrimonio o una fotografía de pareja.
> Cerillos de madera.
> Pétalos de tres rosas rojas.
> 1 cucharada de miel de abeja.
> 1 hoja de papel amarilla.
> 1 pluma de tinta roja nueva.
> 1 veladora roja con rosa.

PROCEDIMIENTO

Recuerda que, antes de realizar cualquier ritual para atraer energía, necesitas primero limpiar tanto tu energía personal como la de tu espacio. Para ello, puedes hacer alguno de los rituales de purificación de los capítulos 2 y 3.

Es muy importante para que el amor perdure en una relación deshacerte de todos los pensamientos negativos, las dudas, los celos, y en lugar de eso pienses en lo que te gusta o te llama la atención de tu pareja, que recuerdes sus cualidades y las escribas en la hoja de papel. Haz un corazón y escribe dentro el nombre de la pareja y pon la frase "unidos para siempre con amor". Toma el plato y coloca los pétalos de rosa encima. Pon tu papel y los anillos de matrimonio, si no tienes anillos de matrimonio no te preocupes, puedes hacerlo también con una fotografía de los dos, donde estén muy felices. Después unta la miel en los pétalos de rosa y repite tres veces: "Nuestro amor es fuerte y estamos unidos para siempre". Déjala tres días, después toma el papel y léelo dando gracias por lo que escribiste. Enciende la veladora y quema el papel.

Cada vez que hagas un ritual con fuego, por favor sé cuidadosa (o) y ponlo en un lugar donde no represente peligro de incendio.

Listón del amor por siempre

Lo que necesitas:
> Cerillos de madera.
> Marcador rojo.
> 1 listón amarillo de 18cm de largo y 2cm de ancho.
> 1 vela en forma de pareja color roja.
> 3 gotas de esencia de jazmín.

PROCEDIMIENTO

Siempre recomiendo que, antes de hacer un ritual para atraer energía, hagas otro para eliminar toda la energía negativa. Ve a los capítulos 2 y 3 y escoge el que prefieras. También recuerda que, cuando hagas rituales con velas, seas cuidadoso para no ocasionar un incendio: busca bien el lugar adecuado.

En una noche de luna llena escribe tu nombre completo y la palabra ROMANCE; después pon el nombre de tu amado (a) y la palabra AMOR. Amarra la cinta a tu cabecera y haz una oración pidiendo por el amor. Por nueve días, cada noche haz un nudo y di una oración. Pon en el pabilo de la vela de pareja tres gotas de esencia de jazmín para activar la buena suerte en el amor y déjala en tu área del amor de la recámara; para ello ve a la puerta de tu recámara viendo hacia dentro en la esquina del lado derecho al fondo.

Después, amarra la cinta en tu brazo izquierdo con las palabras hacia dentro hasta que se caiga. Cuando esto ocurra, quema en la noche la cinta en la vela roja de pareja y da gracias. Finalmente, avienta las cenizas al viento.

Para aumentar el deseo en la pareja

Lo que necesitas:
> Pétalos de 3 rosas rojas.
> 1 hoja de papel amarilla.
> 1 plato de barro.
> 1 pluma con tinta roja nueva.
> 1 vela roja en forma de pareja abrazándose.
> 3 gotas de esencia de azahar.
> 3 gotas de esencia de jazmín.
> 3 gotas de esencia de lila.
> 3 cucharadas de azúcar.
> 3 cucharadas de nuez moscada.

PROCEDIMIENTO

Recuerda que, antes de realizar cualquier ritual para atraer energía, primero necesitas limpiar tanto tu energía personal como la de tu espacio. Para ello, puedes hacer alguno de los rituales de purificación de los capítulos 2 y 3. Es muy importante que seas cuidadosa(o) cuando hagas rituales con velas: busca el lugar más seguro donde evites correr riesgos de incendio.

En una noche de luna creciente, dibuja en la hoja de papel un corazón y escribe dentro el nombre completo de tu pareja con la fecha de nacimiento de los dos. Ubícate en el área del amor de tu recámara: para saber cuál es ponte en la puerta viendo hacia dentro, la esquina que ves del lado derecho al fondo es dicha área. Ahí coloca el papel en el plato y encima la vela, los pétalos de rosa y agrega las gotas de esencia en el pabilo. Piensa y visualiza cómo el azahar activa el amor: el jazmín da buena suerte en el amor, la lila lo aumenta. Después rocía la nuez moscada que activa la sexualidad y, por último, vierte el azúcar para endulzar la relación.

Para fortalecer el amor

Lo que necesitas:
> 1 aceite de avellana.
> 1 aceite de geranio.
> 1 hoja de papel amarilla.
> 1 incienso de almizcle.
> 1 pluma de tinta roja nueva.

PROCEDIMIENTO

Siempre recomiendo que, antes de hacer un ritual para atraer energía, se haga otro para eliminar toda la energía negativa. Ve a los capítulos 2 y 3 y escoge cuál quieres hacer. Este ritual requiere de buena actitud mental, ya que para hacer la magia se deben reconocer las cualidades de uno mismo y las de la pareja.

Haz una lista con dos columnas: en una escribe tus cualidades y en la otra lo que te gusta de tu pareja. Durante todo ese día piensa en las cualidades y repite: "Yo (nombre completo) reconozco que (nombre de tu pareja) es responsable, amoroso, cuidadoso, romántico, fiel, respetuoso…, y reconozco que yo soy amoroso, comprensivo, fiel, respetuoso…"

Ve a tu recámara y pasa el incienso de almizcle por las cuatro esquinas, cuidando que deje un aroma muy suave.

Después, pásalo por toda tu casa y déjalo consumir cerca de la puerta. En la noche, cuando estés listo(a), coloca en tu mano tres gotas de aceite de geranio, que ayuda a tranquilizar el espíritu, y tres gotas de aceite de avellana, que da equilibrio en la persona; mézclalos y dale un masaje en los pies a tu pareja. Al momento del masaje dile "Lo siento, te amo, gracias por todo".

Botella del amor eterno

Lo que necesitas:
> 1 botella de agua de rosas.
> 1 botella con tapón de corcho.
> 1 incienso de jazmín.
> 1 varita de canela.
> 9 gotas de tu perfume preferido.
> 9 gotas de la loción favorita de tu pareja.
> 9 pétalos de rosa roja.

PROCEDIMIENTO

Siempre recomiendo que, antes de hacer un ritual para atraer energía, se haga otro para suprimir toda la energía negativa. Para ello, ve a los capítulos 2 y 3 y escoge el que más te guste. Después de tu purificación, en una noche de luna llena, con el incienso de jazmín pasa por las esquinas de cada habitación de tu casa y visualiza lo que es el amor para ti. Toma la botella y coloca los pétalos de rosa y visualiza cómo se activa el romanticismo. Después, agrega la varita de canela y visualiza cómo se enciende la pasión. Agrega el agua de rosas, que cubra ¾ partes de la botella, pensando en que el amor perdure y, al final, pon tu perfume y el de tu pareja: ve cómo se mezclan en sintonía perfecta. Tapa la botella con un corcho y ponla bajo tu cama. Consérvala ahí hasta que se rompa; si pasa mucho tiempo sin romperse y alguno obtuvo un ascenso o si lograron algo juntos, puedes romper la botella dando gracias y hacerlo de nuevo. Decreta: "En nuestra relación el amor nace, crece y perdura con las bendiciones del cielo".

Jarrón de la paz

Lo que necesitas:
> Arroz.
> Canela.
> Cerillos de madera.
> 1 flauta.
> 1 jarrón de cerámica.
> 1 listón rojo.
> 3 inciensos de geranio o eucalipto.

PROCEDIMIENTO

Cuando sientes intranquilidad, tristeza, crees que la energía de tu lugar está muy pesada o que últimamente hubo muchos problemas, se necesita que la energía se tranquilice. Para ello, desplaza toda la energía negativa, tanto tuya como del lugar. Te sugiero que hagas uno de los rituales de purificación de los capítulos 2 y 3. Si los problemas y las discusiones son muy fuertes, escoge uno que incluya coco para arrancar todo lo negativo.

Ya que purificaste la energía, en un día de luna llena enciende los inciensos y desde tu puerta principal recorre todas las habitaciones, pensando en cómo se tranquiliza la energía y empieza a fluir en forma positiva. Después de recorrer todo el lugar, deja un incienso cerca de la puerta, otro en el centro y uno más en tu recámara. Toma el jarrón y coloca dentro el arroz y la canela, visualizando cómo la armonía llega a tu espacio y a tu vida. Amarra la flauta al jarrón con la boquilla hacia arriba, pensando en que jamás se escapen la paz y la tranquilidad. Luego, coloca el jarrón cerca de la puerta de tu casa sin que se vea o esté directo a la calle.

Meditación del jarrón de la paz

Lo que necesitas:
> Esencia de mirra.
> 1 difusor de esencia.

PROCEDIMIENTO

Este ritual puedes hacerlo a la luz de la luna, o bien en tu cama una noche de luna llena. Enciende la vela del difusor de esencia y deja que caliente dos minutos. Después, coloca una o dos gotitas de la esencia de mirra. Respira profundamente y visualiza cómo la luz de la luna te ilumina y su energía se impregna en tu ser. Imagina en tu vientre un jarrón repleto de cosas negativas como tristeza, discusiones, angustias, falta de dinero, enfermedad, problemas en el trabajo, en tu matrimonio o con tus hijos, en fin, todo lo que te ha dado problemas en la vida. Ve cómo ese jarrón está repleto y a punto de reventar, visualiza cómo volteas el jarrón y todo lo negativo sale de ti. Cuando veas el jarrón completamente vacío, voltéalo y empieza a llenarlo con cosas positivas: llénalo con la luz y la energía maravillosa de la luna. Da gracias por esta nueva oportunidad. Puedes decretar: "Me purifico de todo lo negativo y con la luz de la luna llena mi ser se llena de amor, salud, abundancia, prosperidad, alegría, paz, armonía y todo aquello que traiga cosas maravillosas a mi vida".

Jarrón para el matrimonio

Lo que necesitas:
> 1 figura de ave fénix.
> 1 figura de dragón.
> 1 fotografía de la pareja donde estén felices.
> 1 jarrón de cerámica.
> listón verde.
> 3 gotas de aceite de nardo.

PROCEDIMIENTO

Este ritual se recomienda para cuando se tienen muchos problemas en el matrimonio o se quiere alejar a un amante. Para poder deshacerte de la energía negativa que generan los pleitos y las discusiones, es necesario primero hacer un ritual de limpieza energética tanto en tu persona como en el lugar. Recuerda que estos rituales están en los capítulos 2 y 3. Ya que eliminaste la energía negativa, entonces puedes hacer otros para sanar o atraer cosas.

Después del ritual de purificación de energía, la primera noche de luna menguante (ve tu calendario), en el centro de tu casa pon las tres gotas de nardo en tu mano. Frótalas y luego acaricia las figuras del dragón y del ave fénix, que en feng shui son símbolo de buenas relaciones. Visualízate como si estuvieras limpiando todo lo feo que estás pasando en tu relación y repite: "Dragón y fénix, símbolos de la unión y el amor, les pido que me ayuden en mi relación con (di lo que quieres remediar)". Después coloca la fotografía dentro del sobre rojo chino y ve cómo la relación mejora. Mete el sobre en el jarrón y encima la figura del dragón y del ave fénix, como si estuvieran platicando de lado. Cuida que no queden enfrentados, ya que eso traería más problemas. Con el jarrón en las manos, dirígete a tu recámara y ve al área del amor. Con el listón haz nueve nudos en la boca del jarrón y ponlo en esa área.

CAPÍTULO

9

PARA LA GESTACIÓN

Ritual para limpiar tu cuerpo y quedar embarazada

Lo que necesitas:
> 1 cerillo de madera.
> 1 incienso de mirra.
> 1 incienso de salvia.
> 1 incienso de sándalo.
> 1 pareja de elefantes con la trompa hacia arriba, uno grande y uno pequeño (como si fueran la madre con su pequeño).
> 1 recipiente de plata.
> 1 vaso con agua bendita.
> 8 cucharadas de arroz.
> 9 piedras de carbón.

PROCEDIMIENTO

Primero que nada, en cada ritual para quedar embarazada, se tiene que hacer una conciliación con la madre Tierra y con tu ser supremo. Un día de luna creciente, ve al centro de tu casa sin zapatos y sin calcetines. Enciende los tres inciensos y ofrécelos a la madre Tierra y a tu ser supremo. Con ellos limpia todo tu cuerpo, en especial tu vientre, y repite: "Madre Tierra, tú que das fruto sagrado, te pido perdón por lo que te he lastimado, te pido me des la oportunidad de generar vida, y a ti, padre bendito, te doy las gracias por todas las bendiciones que me das. Te pido me ayudes a darme un hijo".

Coloca las piedras de carbón en el recipiente de plata y mételo bajo la cama por 27 días para limpiar todo lo malo que tenga tu útero. Saca las piedras en una bolsa negra y tíralas sin voltear a verlas.

Lava bien el recipiente plateado y coloca ocho cucharadas de arroz. Encima coloca los elefantes, cuidando que se vean de lado: evita enfrentarlos, ponlos al oeste de tu recámara.

Ritual para quedar embarazada (1)

Lo que necesitas:
> 1 cerillo de madera.
> 1 incienso de mirra.
> 1 incienso de salvia.
> 1 incienso de sándalo.
> Listón amarillo de 27cm.
> 1 figura de la diosa Kuan Yin.
> 1 niñito de la rosca de reyes o cualquier figura de bebé.

PROCEDIMIENTO

Primero que nada, en cada ritual para quedar embarazada, se tiene que hacer una conciliación con la madre Tierra y con tu ser supremo. Un día de luna creciente, ve al centro de tu casa sin zapatos y sin calcetines. Enciende los tres inciensos y ofrécelos a la madre Tierra y a tu ser supremo. Con ellos limpia todo tu cuerpo, en especial tu vientre, y repite: "Madre Tierra, tú que das fruto sagrado, te pido perdón por lo que te he lastimado, te pido me des la oportunidad de generar vida, y a ti, padre bendito, te doy las gracias por todas las bendiciones que me das. Te pido me ayudes a darme un hijo".

En una noche de luna creciente, coloca en tu recámara la figura de Kuan Yin y pon en sus brazos el bebé. Cuando hagas esto, visualízate como si la diosa estuviera poniendo en tus brazos a tu hijo. Amarra el bebé a la diosa con el listón y, en ese momento, piensa en el infinito amor, la ternura, el cuidado y todo lo que represente para ti ese bebé. Después, pídele a la diosa que te ayude a ser madre y que todo resulte bien.

Ritual para quedar embarazada (2)

Lo que necesitas:
> 1 cerillo de madera.
> 1 cuadro de granadas.
> 1 incienso de mirra.
> 1 incienso de salvia.
> 1 incienso de sándalo.
> 1 recipiente metálico.
> 9 cucharadas de palomitas de maíz.

PROCEDIMIENTO

Primero que nada, en cada ritual para quedar embarazada, se tiene que hacer una conciliación con la madre Tierra y con tu ser supremo. Un día de luna creciente, ve al centro de tu casa sin zapatos y sin calcetines. Enciende los tres inciensos y ofrécelos a la madre Tierra y a tu ser supremo. Con ellos limpia todo tu cuerpo, en especial tu vientre, y repite: "Madre Tierra, tú que das fruto sagrado, te pido perdón por lo que te he lastimado, te pido me des la oportunidad de generar vida, y a ti, padre bendito, te doy las gracias por todas las bendiciones que me das. Te pido me ayudes a darme un hijo".

En un día de luna creciente, pon a reventar las palomitas. Colócalas en el recipiente metálico y mételas bajo tu cama, pensando en lo que deseas. Deja ahí el recipiente hasta que nazca el bebé.

Activa el área de tu casa que será la recámara de los hijos. Para ello, ve a la puerta principal y haz el dibujo de la planta baja de tu casa o de tu recámara y divídelo en nueve secciones iguales. Ve adonde quede el cuadro de en medio. El lado derecho de tu dibujo es el área de hijos. En la pared de ese cuarto coloca el cuadro de las granadas que activará la gestación.

Ritual para quedar embarazada (3)

Lo que necesitas:
> 1 cerillo de madera.
> 1 cuadrado de tela amarillo de 9cm x 9cm
> 1 incienso de mirra.
> 1 incienso de salvia.
> 1 incienso de sándalo.
> 1 huevo de gallina blanco.
> 1 plumón de tinta roja nuevo.
> 1 recipiente de barro.

PROCEDIMIENTO

Primero que nada, en cada ritual para quedar embarazada, se tiene que hacer una conciliación con la madre Tierra y con tu ser supremo. Un día de luna creciente, ve al centro de tu casa sin zapatos y sin calcetines. Enciende los tres inciensos y ofrécelos a la madre Tierra y a tu ser supremo. Con ellos limpia todo tu cuerpo, en especial tu vientre, y repite: "Madre Tierra, tú que das fruto sagrado, te pido perdón por lo que te he lastimado, te pido me des la oportunidad de generar vida, y a ti, padre bendito, te doy las gracias por todas las bendiciones que me das. Te pido me ayudes a darme un hijo".

En la primera noche de luna creciente, pon el nombre del bebé en el huevo con el plumón, envuélvelo en la tela amarilla y colócalo en el recipiente. Déjalo nueve días bajo tu cama. Durante esos días reza un Padre Nuestro o repite 99 veces *om mani pädme hum* cada noche. Es muy importante que visualices cómo te ves embarazada, cómo te entregan a tu bebé el día de su nacimiento. Da gracias a tu ser supremo.

Después, pon unas gotas de agua bendita sobre el huevo y entiérralo esa noche en la tierra en obsequio a la madre tierra. Pídele de corazón que quedes embarazada y puedas tener bien a tu bebé.

PARA VENDER
Y TENER CASA NUEVA

Ritual para vender una casa (1)

Lo que necesitas:
> Bote.
> Cemento.
> Pintura roja de aceite.
> Anuncio rojo con letras amarillas de "Se vende".
> Tubo de 2m.

PROCEDIMIENTO

Manda hacer un anuncio de "Se vende" cuyo fondo sea rojo con las letras en amarillo canario. El primer día de luna creciente, a las 11 am, en el centro de la azotea de tu casa coloca el tubo dentro del bote y prepara el cemento. Espera a que seque para que quede como ancla.

Espera al primer día de luna llena y con la pintura roja pinta el tubo, espera a que seque y después coloca el anuncio fijándolo bien para que no se caiga. Piensa que quieres vender la casa, que rápido llegue el comprador y que te la pague sin problemas.

Ritual para vender una casa (2)

Lo que necesitas:
> Un pedacito de alguna pared, piso o techo de la casa que quieres vender.
> 1 sobre rojo chino.

PROCEDIMIENTO

En una noche de luna menguante, arranca un pedacito de piso, techo o pared de la casa que quieres vender. Colócalo en el sobre chino y llévalo a algún lugar donde corra el agua (debe ser agua limpia). Puedes arrojarlo en un río que lleve corriente o en el mar; cuando lo arrojes, visualiza cómo llega la persona adecuada que te compra la casa y te paga el dinero que pides sin ningún problema. Puedes decretar: "Yo (nombre completo) vendo mi casa en (di la cantidad que quieres recibir) y llega el comprador ideal que me paga todo el dinero sin ningún tipo de problemas", y sin voltear retírate del lugar.

Cuando firmes el contrato, debes reparar el pedacito de la casa que arrancaste, o de lo contrario el trato puede venirse abajo.

Ritual para vender una casa (3)

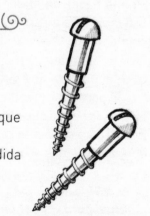

Lo que necesitas:
> 1 sobre rojo chino.
> 1 tornillo de la estufa de la casa que quieres vender.
> 1 tornillo nuevo de la misma medida del que quitas de la estufa.
> 3 inciensos de aloe vera.

PROCEDIMIENTO

Recuerda que, antes de cualquier ritual para atraer energía o para lograr algo, primero necesitas limpiar tanto tu energía personal como la de tu espacio. Para ello, realiza alguno de los rituales de purificación de los capítulos 2 y 3.

En la noche del primer día de luna llena, ve a tu cocina y enciende los tres inciensos. Pasa por cada esquina, pensando que puedes concretar la venta de tu casa. Deja que se consuman cerca de la puerta principal y ponlos en un lugar donde, al abrirla, se vea la calle. Regresa a la cocina y quita un tornillo a la estufa, teniendo conciencia de cómo se desprende tu energía de la energía de la casa. En ese momento agradece todo lo que esa casa te ha dado. Compra un tornillo de la misma medida del que quitaste. Después, mete el tornillo que quitaste en un sobre rojo chino y llévalo al mar. Déjalo ir sin voltear y visualiza que llega la familia que será muy feliz en tu casa y se lleva el tornillo. Da gracias. Cuando firmes el contrato, debes poner un nuevo tornillo donde quitaste el otro, de lo contrario puede venirse abajo el trato.

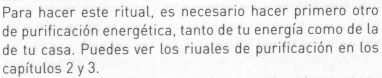

Ritual para vender una casa (4)

Lo que necesitas:
> Imagen de san José.
> 1 maceta de barro.
> 1 planta.

PROCEDIMIENTO

Para hacer este ritual, es necesario hacer primero otro de purificación energética, tanto de tu energía como de la de tu casa. Puedes ver los riuales de purificación en los capítulos 2 y 3.

En un día de luna llena, si tienes jardín al frente de tu casa haz un agujero ahí para que entierres la imagen de san José; si no tienes jardín, coloca la imagen del santo en una maceta con una planta que vas a cuidar para que no se seque. Pide por la venta de tu casa. Después, cuando llegues a tu nueva casa, coloca la imagen de san José en un altar y dale gracias por su ayuda.

Ritual para tener una casa nueva

Lo que necesitas:
> Imágenes de cómo te gustaría que fuera tu casa:
> Pegamento.
> 1 pluma de tinta negra nueva.
> 1 tablero o 1 cartulina verde.

PROCEDIMIENTO

En la cartulina escribe "Recibo y agradezco mi casa nueva". Pon tu nombre completo con tu fecha de nacimiento. Ve pegando en la cartulina todas las imágenes como si estuvieras armando la casa de tus sueños. Ya que tienes tu tablero, visualiza cómo encuentras y puedes comprar o construir esa casa ideal en tu vida.

Coloca ese *collage* o tablero entre la base de tu cama y tu colchón por 27 días. Cada día, antes de dormir, haz una oración agradeciendo tu nueva casa. Después de los 27 días coloca el *collage* en una pared frente a ti cuando te despiertes.

Suéltalo al universo para que te escuche. Cuando sea el tiempo perfecto, esa casa llegará para ti.

Ritual para estrenar una casa que ya fue habitada

PROCEDIMIENTO

Para poder deshacerte de la energía negativa que se encuentra impregnada en la casa, como pleitos, discusiones, enfermedades, falta de dinero, miedos, frustraciones, etcétera, se requiere hacer un ritual de limpieza energética, tanto en tu persona como en el lugar. Recuerda que estos rituales están en los capítulos 2 y 3.

Una vez realizados estos rituales, necesitas un cambio en la energía de la casa: debes quitar toda la energía de los antigüos dueños. Debes cambiar la puerta principal o, si no te es posible, por lo menos la cerradura. Tambien pinta la casa por dentro y por fuera.

Retirar la energía anterior es de suma importancia para que la energía de la nueva familia se asiente y empiece a tomar fuerza en esa casa. Mientras haces el ritual, puedes decir el decreto: "Yo (nombre completo) elimino toda la energía negativa que tiene esta casa y la lleno de bendiciones de amor, abundancia, buena suerte, felicidad, dinero, prosperidad y progreso en nombre de (el ser superior en quien creas)".

Limpiar energéticamente una casa que ya fue habitada (1)

Lo que necesitas:
> Ropa de color rojo.
> 4 cocos enteros con agua.

▨ PROCEDIMIENTO

Este ritual es muy fuerte, por lo que te recomiendo que el día que lo hagas te vistas de color rojo para protegerte de que puedas absorber la mala energía.

En la primera noche de luna menguante, ve a la parte posterior de tu casa y rueda los cuatro cocos por cada una de las habitaciones. Al rodarlos, visualiza cómo van absorbiendo toda la energía negativa que hay. Después, coloca un coco en cada esquina y déjalos nueve días. Pasado este tiempo, tíralos en una bolsa negra y pide al universo que no dañen a nadie.

Cuando la energía es muy pesada o muy negativa, puede darte diarrea o te puedes hinchar; si te sucede esto, al otro día come en ayunas un coco para limpiarte.

Limpiar energéticamente una casa que ya fue habitada (2)

Lo que necesitas:
> Cerillos de madera.
> Guantes para tomar cosas calientes.
> 1 recipiente de barro.
> 9 cucharadas de alcanfor.
> 9 cucharadas de sal de grano.
> 9 tapas de alcohol.

PROCEDIMIENTO

Puedes hacer este ritual en casa o en oficina. En el primer día de luna menguante al mediodía, ve al centro del lugar que hayas elegido y pon el recipiente en el piso. Vierte las cucharadas de sal, el alcanfor y el alcohol, y con cuidado enciéndelo con el cerillo de madera. Cuando esté listo el fuego, haz una oración o repite nueve veces *om mani pädme hum*. Visualiza cómo toda la energía negativa se consume en el fuego. Ya apagado, ve si la sal no cambió de color; si es así, agrega más alcohol y empieza a caminar pasando por cada lugar de tu espacio. Haz una oración o repite el mantra. Si ves que la sal cambió de color a amarillo, gris o negro, retira toda la sal en una bolsa negra cuidando que no queden restos de ella en tu casa, ya que eso traería muchos problemas. El cambio de color en la sal te indica que absorbió algo muy negativo.

Dar la bienvenida a una casa nueva (1)

Lo que necesitas:
> Cáscaras de 3 limones.
> Cáscaras de 3 mandarinas.
> Cáscaras de 3 naranjas.

> Cerillos de madera.
> 1 canasta.
> 1 puño de arroz.
> 1 puño de canela en polvo.
> 1 puño de lentejas.
> 1 vela dorada.

▓▓ PROCEDIMIENTO

Recuerda que, antes de realizar cualquier ritual para atraer energía, primero necesitas limpiar tanto tu energía personal como la de tu espacio. Para ello, puedes hacer alguno de los rituales de purificación de los capítulos 2 y 3. Es muy importante que tengas cuidado cuando hagas rituales con velas: busca el lugar más seguro, donde evites provocar incendios.

Un día antes de cambiarte a la casa nueva, ve a la puerta principal con la canasta que tiene el arroz, las lentejas, las cáscaras de limón, naranja y mandarinas, y la canela. Enciende la veladora dorada y visualiza todas las bendiciones que quieres que lleguen a tu nueva casa. Camina hacia dentro arrojando puñitos de lo que hay en la canasta. Cuando vayas avanzando repite: "El amor ilumina y reina en esta casa, las bendiciones del cielo llegan a todos los que vivimos en ella, llegan a nuestra vida dinero, salud, trabajo, alegría". Da gracias por tener esa casa nueva.

Dar la bienvenida a una casa nueva (2)

Lo que necesitas:
> Pétalos de 9 rosas amarillas.
> Pétalos de 9 rosas blancas.
> Pétalos de 9 rosas rojas.

> 1 florero.
> 1 veladora dorada.
> 1 veladora verde.
> 3 girasoles.

PROCEDIMIENTO

El día que llegues por primera vez a la nueva casa, al entrar ve arrojando los pétalos de las rosas rojas para activar el amor y la pasión. Las rosas amarillas activan la estabilidad y la seguridad y las blancas la paz. Cuando vayas arrojándolos, visualiza y piensa que el amor y la abundancia siempre estén presentes en ese hogar. Después, pon los girasoles en el florero para activar el éxito en la vida y el logro de los proyectos. Deja el florero cerca de la puerta, sin que vea hacia la calle. En el centro de tu casa enciende la veladora verde y la dorada, visualizando el crecimiento económico. Deja que se consuman.

Dar la bienvenida a una casa nueva (3)

Lo que necesitas:
> Agua.
> Canela.
> Imágenes de tu ser supremo o de tus seres de luz.
> 1 cucharada de miel de abeja.
> 1 recipiente.
> 3 manzanas dulces.

PROCEDIMIENTO

La primera noche que pases en la casa nueva, coloca en la mesa las imágenes de los seres que te apoyan en la vida como si fueran tus invitados. Preparar un té de canela y ofrécelo a los habitantes de la casa, para que siempre haya prosperidad, amor, abundancia, bendiciones, salud, armonía, felicidad. Haz una oración o repite 99 veces el mantra de las seis palabras: *om mani pädme hum*. Pon la miel a las manzanas pensando cómo se llena de dulzura y amor toda la casa. Siéntense a tomar el té y coman las manzanas; después tómense de las manos y den gracias por la nueva casa.

Si puedes preparar una cena con arroz y lentejas, harán que la abundancia llegue y el dinero fluya y rinda.

PARA EL ÉXITO

Para lograr éxito en tu vida

Lo que necesitas:
> 1 ave fénix.
> 1 espejo octagonal.

PROCEDIMIENTO

En el feng shui, el ave fénix representa las nuevas oportunidades que llegan a tu vida, el renacimiento, la renovación, y el espejo octagonal sirve como puerta hacia el éxito.

Para deshacerte de la energía negativa que generan pleitos y discusiones, primero es necesario hacer un ritual de limpieza energética, tanto en tu persona como en el lugar. Recuerda que puedes consultar los rituales de los capítulos 2 y 3. Después de eliminar la energía negativa, entonces puedes hacer rituales para sanar o atraer cosas.

En la primera noche de luna llena, coloca una figura del ave fénix y el espejo octagonal en el punto cardinal sur de tu casa, que es la zona que activa éxito, suerte, fama y logros. Ahí decreta: "Yo (nombre completo) abro las puertas necesarias para lograr mis éxitos personales y económicos".

Ritual para festejar éxitos en pareja

Lo que necesitas:
> Pétalos de 3 claveles amarillos (dinero).
> Pétalos de 3 claveles blancos (armonía).
> Pétalos de 3 claveles rojos (pasión).
> Pétalos de 3 claveles rosas (ternura).
> 1 incienso de rosas.
> 2 copas de champaña.

PROCEDIMIENTO

Este ritual debe practicarse en viernes, pues es un día que representa a Venus (el amor), o en un día en que se haya alcanzado un logro (una casa, un coche, un acenso, un trabajo nuevo, etcétera). En tu recámara haz un círculo con los pétalos de los claveles, visualizando cómo se activa la armonía, el amor, el éxito. Métete al círculo con las dos copas de champaña y el incienso. Cuando prendas el incienso di: "Que las flores con su aroma y la champaña con sus burbujas hagan más fuerte nuestro amor y que el éxito llegue a nosotros". Después bebe la champaña.

Abrir una puerta dimensional para el éxito (1)

Lo que necesitas:
> 1 cuadro con un camino en el centro.
> 1 símbolo de fu.

PROCEDIMIENTO

Para deshacerte de la energía negativa que generan pleitos y discusiones, primero debes hacer un ritual de limpieza energética, tanto en tu persona como en el lugar. Recuerda que estos rituales están en los capítulos 2 y 3. Ya que eliminaste la energía negativa, entonces haz los rituales para sanar o atraer cosas.

En el primer día de luna llena, pega el símbolo de fu atrás del cuadro, donde está el camino; cuida que el símbolo de fu quede viendo hacia el cuadro y no hacia la pared, para que active la llegada del éxito y la prosperidad. Puedes colgar el cuadro en tu área de dinero (ve las áreas del bagua en el capítulo 1): esquina del fondo de tu casa del lado izquierdo, siempre y cuando no sea un baño, o bien, en la pared donde esté tu puerta. Ve a ese lugar y decreta: "El éxito y la prosperidad vienen a mí sin dificultad para darme grandes satisfacciones en mi vida".

Abrir una puerta dimensional para el éxito (2)

Lo que necesitas:
> 1 clavo.
> 1 espejo octagonal.
> 1 fotografia tuya.
> 1 martillo.
> 1 pluma de tinta roja nueva.

PROCEDIMIENTO

Recuerda que, antes de realizar cualquier ritual para atraer energía, primero necesitas limpiar tanto tu energía personal como la de tu espacio. Para ello debes realizar alguno de los rituales de purificación de los capítulos 2 y 3.

La primera noche de luna creciente, atrás de la foto escribe la palabra ÉXITO y firma encima. Pega la foto viendo hacia el espejo. Pon el clavo en la pared que queda atrás de tu cabecera y cuelga el cuadro para que quede sobre ella. Puedes decir el decreto: "Yo (nombre completo) nacido(a) en (fecha de nacimiento) abro las puertas del universo para que llegue a mí el éxito profesional, personal y económico".

PARA LA SUERTE

Para evitar la mala suerte (1)

Aléjate de la mala suerte siguiendo estos prácticos consejos:

> Abrir una sombrilla dentro de casa (atrae desgracias).
> Barrer de noche (el dinero se va).
> Fugas de agua (fugas de dinero).
> Fugas de gas (problemas en el amor).
> Jamás regales tus zapatos.
> La tapa del baño sin bajar o que no tenga tapa (el dinero no te rinde). ·
> No dejes espejos rotos en la casa (atrae mala suerte).
> No dejes el salero en la mesa (atrae la miseria).
> No pongas el cuchillo al fuego (trae infidelidad).
> No pongas las tijeras sobre la cama (traen problemas de salud).
> No tengas desordenados tus zapatos (esto provoca que las cosas no salgan bien).
> No tengas desorden en casa (el desorden crea conflictos y problemas).
> Puerta principal en malas condiciones (problemas en tu trabajo).
> Que las puertas del clóset o ropero se salgan (trae problemas en el trabajo).
> Rechinar las puertas (trae problemas y discusiones).
> Vidrios rotos (trae problemas con los hijos).
> Vidrios sucios (no se ven las oportunidades).
> Voltear la comida con cuchillo (discusiones con la pareja).

Para evitar la mala suerte (2)

Lo que necesitas:
> Cerillos de madera.
> 1 vela blanca.
> 1 vela negra.
> 9 piedras de carbón.

PROCEDIMIENTO

Siempre que vayas a hacer un ritual con velas, asegúrate de que el lugar donde las colocas no represente peligro de incendio.

En una noche de luna menguante, pasa la vela negra por todo tu cuerpo pensando que absorbe toda la energía negativa de tu ser. Haz lo mismo con las piedras de carbón. Después enciéndela y deja que se consuma. Coloca las piedras de carbón bajo tu cama para que absorban toda la mala suerte.

Al otro día, pasa la vela blanca por tu cuerpo pensando en la energía positiva que llega a ti y enciéndela. Deja las piedras de carbón por nueve días bajo la cama; pasado ese tiempo, tíralas a la basura en una bolsa negra.

Para atraer la buena suerte (1)

Lo que necesitas:
> 1 cerillo de madera.
> 1 cucharada de azúcar.
> 1 cucharada de romero.
> 1 raja de canela.
> 1 recipiente de barro.
> 3 cucharadas de alcohol.

PROCEDIMIENTO

Recuerda que, antes de realizar cualquier ritual para atraer energía, primero necesitas limpiar tanto tu energía personal como la de tu espacio. Para ello, haz alguno de los rituales de purificación de los capítulos 2 y 3.

En una noche de luna llena ubícate al centro de tu casa y ten listo todo lo que necesitas para que no interrumpas el ritual. Ya que estás lista (o), en el recipiente de barro coloca el azúcar pensando en cómo se endulza tu vida; pon el romero pensando cómo purifica todo y la canela para activar el amor y la llegada de dinero. Después préndelo y pásalo por todas las habitaciones del lugar, con la idea de atraer la fortuna y la buena suerte.

Para atraer la buena suerte (2)

Lo que necesitas:
> Canela en polvo.
> 1 papel blanco.
> 1 pluma de tinta negra nueva.
> 2 vasos de leche.
> 6 monedas.

PROCEDIMIENTO

Recuerda que, antes de cualquier ritual para atraer energía, primero necesitas limpiar tu energía personal y la de tu espacio. Para ello, haz alguno de los rituales de purificación de los capítulos 2 y 3.

En la mañana de un día de luna llena, tómate un vaso de leche en ayunas, pensando cómo la energía de la prosperidad entra a tu cuerpo. Ve a la mesa del comedor y escribe en el papel: "La suerte ya me protege y nunca más se separará de mí".

En el otro vaso pon las seis monedas, el papel en el que escribiste tu decreto y agrega leche; espolvorea una cucharadita de canela en polvo y visualiza cómo atrapas la buena suerte. Mete el vaso al congelador y mantenlo ahí hasta que la leche se acabe.

Para atraer la buena suerte (3)

Lo que necesitas:
> 1 cucharada de canela en polvo.
> 1 plato blanco.
> 1 rebanada de piña.
> 1 recipiente de cristal con agua.
> 1 taza de azúcar morena.
> 1 vela flotante amarilla.
> 1 vela flotante verde.
> 7 hojas de menta.

PROCEDIMIENTO

El sábado a mediodía, coloca la rebanada de piña en el plato blanco, espolvoréale azúcar y canela y agrega la menta finamente picada. Pon la vela verde al lado derecho del plato y la amarilla al lado izquierdo. Enciéndelas para hacer una oración y después apágalas.

El domingo coloca las velas en el recipiente flotante y enciéndelas. Mientras observas el fuego, cómete la piña combinándola con el azúcar, la canela y la menta, pensando que atraes la buena suerte, el esplendor en tu vida, la prosperidad y nuevos proyectos.

Para atraer la buena suerte (4)

Lo que necesitas:
> 1 copa de champaña.
> 1 veladora amarilla (satisfacción).
> 1 veladora azul (esperanza).
> 1 veladora anaranjada (alegría).
> 1 veladora rosa (felicidad).
> 1 veladora verde (bienestar).

PROCEDIMIENTO

En una noche de luna llena, ubícate en el centro de tu casa y haz un círculo con las velas. Al colocar la veladora rosa, piensa en la felicidad que deseas tener en tu vida; al colocar la anaranjada, piensa en todos los momentos alegres que has tenido en tu vida y visualízate en el futuro muy alegre; al colocar la verde, piensa en tu bienestar y el de tu familia; cuando coloques la veladora amarilla, piensa en los momentos que te han hecho sentir satisfecho de vivir y, finalmente, cuando coloques la veladora azul, en la esperanza de una vida mejor. Debes quedar dentro del círculo y decir: "Yo (tu nombre completo) invoco la energía del universo para que lo negativo se aleje de mí y que la buena suerte ilumine mi camino".

Después sírvete champaña en la copa y disfruta visualizando todo, como si ya lo tuvieras. Tómala poco a poco.

Para atraer buena suerte en el dinero

Lo que necesitas:
> 1 billete de un dólar.
> 1 moneda de plata.

> 1 puño de pimienta gorda.
> 1 puño de sal de grano.
> 1 vela amarilla en forma de girasol.

▨▨ PROCEDIMIENTO

Recuerda que, antes de cualquier ritual para atraer energía, debes limpiar tanto tu energía personal como la de tu espacio. Para ello, haz alguno de los rituales de purificación de los capítulos 2 y 3.

Después de tu purificación, en una noche de luna creciente, en el centro de tu casa dibuja un triángulo. En el punto superior coloca la moneda y el billete; en el lado izquierdo, el puño de sal; del lado derecho, el puño de pimienta gorda y, en el centro del triángulo, la vela amarilla. Luego enciéndela y decreta: "Yo (nombre completo) tengo la suerte de que el dinero viene fácilmente a mí". Deja consumir la vela y cuida que nada pueda ocasionar un incendio mientras esté prendida.

Después de consumirse, coloca el billete y la moneda debajo de tu almohada por nueve días. Antes de dormir repite tu decreto. Pasado ese tiempo, lleva en tu cartera o monedero la moneda y el billete.

PARA CAMBIAR SITUACIONES

Cambiar una situación que te afecta

Lo que necesitas:
> 1 móvil de 5 tubos metálicos huecos.

PROCEDIMIENTO

Para deshacerte de la energía negativa que generan los pleitos, las discusiones, la envidia, la falta de dinero y salud, primero es necesario hacer un ritual de limpieza energética, tanto de tu persona como del lugar. Recuerda que estos rituales están en los capítulos 2 y 3. Ya que eliminaste la energía negativa, puedes hacer los rituales para sanar o atraer cosas.

En un día de luna llena, cuelga el móvil en el techo justo al centro de tu cocina y muévelo los primeros nueve días de cada mes, hasta que la situación cambie.

Para un cambio total de vida

Este ritual sólo debe hacerse cuando las cosas están verdaderamente mal o se está en quiebra. Debes cambiar el piso de la casa, empresa o negocio por completo.

Para salir de la quiebra

Este ritual se hace cuando pasas por problemas económicos muy graves. Para salir de la quiebra, necesitas pintar la puerta por la que entras a casa de color rojo. En la azotea, pon una luz que ilumine hacia arriba en cada esquina y enciéndela todas las noches, pensando que llegará a ti el dinero, las oportunidades o lo que necesitas.

CAPÍTULO 14

PARA PROTEGER TUS PROPIEDADES

Para proteger tu carro (1)

Lo que necesitas:
> Guantes.
> 1 cubeta nueva.
> 1 sobre de cinabrio.
> 1 trapo blanco nuevo.

PROCEDIMIENTO

Llena la cubeta con agua, ponte los guantes y coloca el sobre de cinabrio. Debes tener mucho cuidado porque es muy tóxico. Dale 99 vueltas a la mezcla hacia el lado derecho, repitiendo *om mani pädme hum*. Después, sólo da nueve vueltas al lado izquierdo.

Ya que tienes el agua preparada, lava las cuatro llantas del carro decretando: "Protege mi carro contra robos, accidentes, descomposturas, líbrame de todo mal y peligro, y cuida a todos los que suban a él".

Para proteger tu carro (2)

Lo que necesitas:
> 1 esfera facetada.
> 1 listón rojo de 9cm.
> 8 limones.

PROCEDIMIENTO

En la primera noche de luna menguante, coloca dos limones bajo cada llanta del carro pensando que absorben todo lo malo. Déjalos ahí toda la noche y al otro día tíralos a la basura en una bolsa negra.

Espera a que sea luna llena, coloca una esfera de cristal facetada en el espejo retrovisor decretando: "Protege mi carro contra robos, accidentes, descomposturas; líbrame de todo mal y peligro, y cuida a todos los que suban a él".

Para proteger tu casa (1)

Lo que necesitas:
> 1 ojo turco.
> 3 gotas de esencia de eucalipto.
> 3 gotas de esencia de menta.
> 3 inciensos de limón.

PROCEDIMIENTO

En la primera noche de luna llena ponte cerca de tu puerta. Vierte las gotas de esencias en tu mano izquierda y frota tus manos. Pásalas por todo tu cuerpo para limpiar tu energía. Vierte nuevamente las gotas y frota el ojo turco con tus manos decretando: "Tú estás aquí para eliminar toda la energía negativa que quiera entrar a mi hogar".

Enciende los tres inciensos de limón y camina por toda tu casa pensando que queda protegida por completo. Después, cuelga el ojo turco en una pared que vea hacia la puerta principal de tu casa, no hacia la calle. De tal manera que el ojo turco vea la energía de los que entran y elimine la energía negativa y las malas intenciones.

Para proteger tu casa (2)

Lo que necesitas:
> 1 imagen de san Miguel Arcángel.
> 1 listón rojo de 9 o de 18cm.

PROCEDIMIENTO

En cualquier día que sientas la necesidad de proteger tu casa, pon la imagen de san Miguel Arcángel arriba del marco de tu puerta principal, pidiéndole que te ayude a proteger tu casa y a todos los que viven en ella, que los libre de todo mal y de todo peligro. Amarra a la manija de la puerta principal el listón rojo, pensando en cómo tu casa queda protegida contra cualquier situación negativa.

PARA TU NEGOCIO

Para limpiar la energía de tu negocio (1)

Lo que necesitas:
> Agua.
> 1 cubeta.
> 1 trapo.
> 9 cucharadas de amonio.
> 9 cucharadas de sal de grano.
> 9 puñitos de orégano.

PROCEDIMIENTO

En un día de luna menguante o cuando sientas muy pesado el ambiente, antes de abrir tu negocio, para retirar toda esa energía densa pon en la cubeta agua, amonio y sal de grano. Trapea con esa mezcla del fondo del negocio hacia la puerta. Cuando estés trapeando, piensa que estás eliminando todo lo que te impide tener buenas ventas, que estás deshaciéndote de todo lo que impide que lleguen clientes o que el dinero rinda. Al terminar de trapear, tira esa agua al drenaje.

Al momento en que vas a abrir tu negocio, en la puerta esparce el orégano, que es un excelente activador para los buenos negocios. Visualiza cómo te llegan clientes que hacen muy buenas compras.

Para limpiar la energía de tu negocio (2)

Lo que necesitas:
> Cerillos de madera.
> 1 maceta de barro.
> 1 planta de ruda.
> 3 varas de incienso del mismo aroma.

> 3 veladoras blancas.
> 4 piedras de carbón.

▰ PROCEDIMIENTO

Siempre que hagas un ritual que incluya velas, asegúrate de que no representen peligro de incendio. Este ritual se hace cuando las ventas están muy bajas. Para que la energía negativa se retire de tu negocio, por lo menos debes hacerlo una vez a la semana.

Antes de abrir tu negocio, prende el incienso y pásalo por las cuatro esquinas. Al mismo tiempo coloca una piedra de carbón en cada esquina y déjalas ahí por lo menos nueve días. Prende las veladoras blancas y llévalas de la puerta hacia adentro. Déjalas cerca de la caja donde guardas el dinero. Ahora, coloca la maceta con la ruda cerca de la puerta, por dentro. Este ritual puedes repetirlo hasta que sientas que la energía positiva fluye en tu negocio.

Para que la prosperidad entre a tu negocio (1)

Lo que necesitas:
> Atomizador.
> Cerillos de madera.
> Dulces.
> Esencia de ámbar.
> 1 recipiente.
> 1 veladora dorada con verde.
> 3 cucharadas de azúcar.
> 3 cucharadas de canela.

▰ PROCEDIMIENTO

Recuerda que, antes de cualquier ritual para atraer energía, primero necesitas limpiar tanto la tuya como la de tu espa-

cio. Para ello haz alguno de los rituales de purificación de los capítulos 2 y 3.

En el atomizador pon la esencia de ámbar que elimina los obstáculos y atrae el dinero. Todos los días, al abrir tu negocio, de afuera hacia dentro rocía con el atomizador tu negocio pensando que llegan muchos clientes que te compran y te dejan mucho dinero. En el plato revuelve las cucharadas de canela y azúcar y esparce un puñito a cada lado de la puerta. Coloca los dulces en un lugar donde tus clientes puedan tomarlos. Recuerda que al compartir te llega la abundancia. Finalmente, enciende la veladora para atraer la prosperidad a tu negocio.

Para que la prosperidad entre a tu negocio (2)

Lo que necesitas:
> 1 atomizador.
> 1 canasta pequeña.
> 1 frasco de esencia de limón.
> 3 limones.
> 3 mandarinas.
> 3 monedas chinas.
> 3 naranjas.

PROCEDIMIENTO

Siempre recomiendo que, antes de hacer un ritual para atraer energía, se realice uno para eliminar toda la energía negativa. Ve a los capítulos 2 y 3, y escoge el que más te agrade.

Diario, antes de abrir tu negocio, rocía el agua de limón para activar la prosperidad. En un día de luna llena, pon en la canasta tres monedas chinas y arriba las naranjas, los limones y las mandarinas. Coloca la canasta donde recibes el dinero de tus clientes.

Para atraer muchos clientes (1)

Lo que necesitas:
> Agua.
> Frasco con tapa.
> 1 hoja de perejil.
> 1 listón verde.
> 1 olla.
> 1 varita de canela.
> 1 vela dorada.
> 3 monedas chinas.
> 10 avellanas sin cáscara.

PROCEDIMIENTO

Para este ritual primero es necesario realizar otro de purificación, tanto de tu energía como de la de tu casa. Puedes
ver los rituales en los capítulos 2 y 3. Siempre que hagas un
ritual con velas, asegúrate de que el lugar donde las pren-
des no representen peligro de incendio.

En un día de luna creciente, quita la cáscara a las avellanas. Llena el recipiente con un litro de agua y ahí hierve
las avellanas, el perejil y la canela por 18 minutos exactos.
En ese transcurso, debes proyectar todo lo que quieres que
te llegue. Después deja enfriar el agua y viértela en un frasco con tapa. Trapea tu negocio con esta preparación todos
los días de afuera hacia dentro, pensando cómo llega todo
lo que pediste.

Con el listón une las tres monedas chinas y amárralas
a la vela dorada pensando cómo llega el dinero. Enciende la
vela cinco minutos todos los días y haz una oración.

Para atraer muchos clientes (2)

Lo que necesitas:
> 1 pecera.
> 1 pez negro.
> 8 peces rojos.

PROCEDIMIENTO

Evita comprar peces beta, porque te traerían muchos conflictos y pleitos con tus clientes. En un día de luna llena, ubica la pecera en el área de benefactores, que es la de tus clientes. Ve a la puerta viendo hacia dentro y en la esquina que quede a tu lado derecho (en el capítulo 1 revisa la ubicación de las áreas del bagua).

Esta pecera activará la energía de los clientes en el lugar, por lo que debes cuidar que el agua siempre esté limpia, de lo contrario tendrás problemas económicos.

Para que nunca falte dinero en el negocio

Lo que necesitas:
> Esencia de cítricos.
> 1 botella con atomizador.
> 1 cofrecito de madera.
> 1 piedra de ámbar.
> 3 cucharadas de azúcar.
> 3 cucharadas de canela en polvo.
> 3 cucharadas de orégano.
> 9 monedas.

PROCEDIMIENTO

Recuerda que, antes de cualquier ritual para atraer energía, primero necesitas limpiar tanto tu energía personal como la de tu espacio. Para ello, haz alguno de los rituales de purificación de los capítulos 2 y 3.

Este ritual se puede hacer en luna creciente y luna llena; es importante no hacerlo en luna menguante, ya que ese día se lleva la energía. Mete en el cofrecito las monedas, pensando que te llegará dinero, con la piedra de ámbar y visualiza cómo activa la llegada de buenos clientes; después, pon la canela, el orégano y el azúcar y visualiza cómo atraes dinero y cómo te rinde. Cierra el cofre y mételo en la caja del dinero. Llena la botella con atomizador con la esencia de cítricos y todos los días, antes de abrir tu negocio, rocía la puerta pensando que el dinero llegará.

Para que aumente el dinero y actives las ventas por teléfono

Lo que necesitas:
> Cerillos de madera.
> 1 listón rojo.
> 1 vela dorada.
> 3 monedas chinas.

PROCEDIMIENTO

Para hacer este ritual primero realiza uno de purificación tanto de tu energía como de la de tu casa. Esos rituales puedes verlos en los capítulos 2 y 3. Siempre que vayas a hacer un ritual con velas, asegúrate de que el lugar donde las enciendes no representen peligro de incendio.

En un día de luna llena, amarra tres monedas con el listón rojo y pégalas bajo la caja registradora o donde se guarde el dinero. Visualiza cómo se activa su llegada al negocio. Pega

BIBLIOGRAFÍA SUGERIDA

Álvarez, Juan M. *Feng shui
el arte del diseño*.

Álvarez, Juan M. *La armonía del vivir*.

Delgado, Laura. *Compendio de feng shui.
Lo mejor de los Grandes Maestros*.

Koppel, Mónica. *El gran libro de feng shui*.

Koppel, Mónica. *Guía completa de feng shui*.

Lo, Raymond. *Feng shui Essentials*.

Lo, Raymond. *Feng shui & Destinity
for Families*.

Too, Lilian. *The Complete Illustrated
Guide To Feng Shui*.

Too, Lilian. *Los fundamentos del feng shui*.

Too, Lilian. *168 trucos de feng shui para
una vida feliz y tranquila*.

> 1 figura del dragón.
> 1 listón rojo de 27cm.
> 9 gotas de esencia de jazmín.

PROCEDIMIENTO

Siempre recomiendo que, antes de un ritual para atraer energía, se haga otro para quitar eliminar la energía negativa. Ve a los capítulos 2 y 3, y escoge el que más te guste.

En la primera noche de luna llena, justo a la medianoche pon en tus manos las nueve gotas de jazmín y frota tus manos. Con ellas acaricia la figura del dragón y del ave fénix, pensando en todo lo bueno de tu relación, en el amor, la comprensión, la pasión, el entendimiento. Pega la fotografía bajo la base de la figura viendo hacia arriba. Es importante que la foto vea hacia la mesa o al lugar donde la vas a colocar. Une las figuras con el listón rojo y ubícalas en el área del amor de tu recámara (la ubicación puedes verla en el capítulo 3), o bien, dentro de un mueble donde nadie pueda tocarlos.

Después decreta: "El amor es tan fuerte entre nosotros que nadie podrá separarnos jamás".

PARA VIAJAR

Para viajar (1)

Lo que necesitas:
> 1 flauta de bambú.
> 1 tapete rojo.

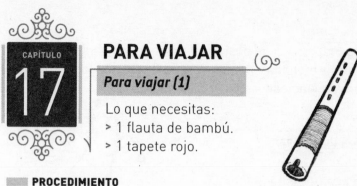

PROCEDIMIENTO

En una noche de luna llena, pon una mitad del tapete fuera de tu casa y la otra dentro. Toca la puerta con la boquilla de la flauta hacia arriba y visualiza el lugar adonde quieres viajar. Siente como si estuvieras allá y decreta que quieres un viaje de placer: no olvides mencionar el lugar al que quieres ir.

Para viajar (2)

Lo que necesitas:
> Postal o imagen del lugar adonde quieres viajar.
> 1 figura de avión.
> 9 monedas.

PROCEDIMIENTO

Recuerda que antes de cualquier ritual para atraer energía, primero debes limpiar la tuya y la de tu espacio. Para ello, haz uno de los rituales de purificación de los capítulos 2 y 3.

En una noche de luna llena, ponte en la puerta de tu casa viendo hacia la calle y sostén el avión con las manos para que le dé la luz de la luna. Mientras tanto visualiza que haces ese viaje que tanto deseas. Después, entra a casa y coloca el avión en el área de viajes de tu casa (para ubicar el área de viajes y benefactores, ve el capítulo 1 en las áreas del bagua). Coloca la postal del lugar adonde quieres ir y pon las nueve monedas pensando que el dinero llega a ti para hacer ese fabuloso viaje.

Para viajar (3)

Lo que necesitas:
> 1 caballo de metal.
> 1 esencia de aloe vera.

PROCEDIMIENTO

Para deshacerte de la energía negativa que generan pleitos y discusiones, primero haz un ritual de limpieza energética, tanto de tu persona como del lugar. Recuerda que estos rituales están en los capítulos 2 y 3. Después de eliminar la energía negativa, ya que hiciste tu ritual de limpieza energética estás listo(a) para atraer la energía y hacer ese viaje que tanto deseas.

En la primera noche de luna llena, ve al área de viajes y benefactores de tu sala (ver capítulo 1, áreas del bagua). Con la esencia de aloe vera, que sirve para eliminar cualquier obstáculo y conseguir tus proyectos, limpia el caballito de metal. Es muy importante que visualices el lugar adonde quieres viajar e impregnes con ese deseo al caballo. Luego, colócalo en el área de viajes y benefactores de tu sala; el caballo debe quedar viendo hacia la puerta de tu casa, como si estuviera saliendo. En ese momento puedes hacer un decreto: "Yo (nombre completo) abro las infinitas oportunidades que tengo en mi vida para lograr hacer este viaje de manera tranquila y feliz".

otras tres monedas amarradas en listón rojo bajo el teléfono para activar las llamadas de clientes o los pedidos.

Después, enciende la vela dorada y pásala por todo el negocio, pensando cómo se abren las puertas con nuevas oportunidades en tu vida.

Para que se active el negocio

Lo que necesitas:
> Agua.
> 1 figura de dragón que vea hacia el cielo.
> 1 recipiente.
> 9 monedas.

PROCEDIMIENTO

Para este ritual primero es necesario realizar uno de purificación tanto de tu energía como de la de tu casa. Esos rituales puedes verlos en los capítulos 2 y 3.

En un día de luna creciente, pon el dragón en el área de dinero o de benefactores de tu negocio (ver capítulo 1 para conocer las áreas del bagua), siempre y cuando no sean baños. Ubicada el área donde lo vas a activar, coloca una mesa de madera y encima el dragón y en el recipiente agua. Ofrece esa agua al dragón para que te traigan abundancia y prosperidad. Mete las nueve monedas en el agua, para que te traiga dinero y déjalas ahí por dos semanas. Cambia el agua y vuelve a ponerla. Cuida que siempre esté limpia.

PARA EVITAR LA INFIDELIDAD

Para evitar la infidelidad (1)

Lo que necesitas:
> 4 listones rojos de 18cm.

PROCEDIMIENTO

Recuerda que, antes de cualquier ritual para atraer energía, primero necesitas limpiar tanto la tuya como la de tu espacio. Para ello, haz alguno de los rituales de purificación de los capítulos 2 y 3.

Este ritual se hace cuando quieres evitar que otra persona pueda entrar a la vida de tu pareja y poner en peligro tu relación amorosa; también lo puedes hacer cuando sabes que tu pareja tiene otra relación. La diferencia entre un caso y el otro radica en cómo decir el decreto.

En la primera noche de luna llena, a las doce en punto, toma los listones en tus manos y acércalos a tu corazón, pensando y visualizando qué quieres obtener. Reúne toda tu fuerza interior, porque lo tienes que hacer con la firme decisión de alejar a otras personas que intenten relacionarse sentimentalmente con tu pareja. Con esa fuerza en tu cuerpo, arrodíllate y amarra el listón a la pata de la cama. Hazle nueve nudos CON MUCHA FUERZA. Amarra las cuatro patas de tu cama. Cuando termines, repite 108 veces: *om mani pädme hum* y después di tu decreto: "Yo (nombre completo) cierro cualquier oportunidad de que otra persona entre a la vida sentimental y amorosa de mi pareja (nombre completo de tu pareja)".

En caso de que tu pareja ya tenga un amante, debes decir: "Yo (nombre completo) pido ayuda de todos los seres de luz para que me ayuden a retirar de la vida de mi pareja (nombre completo de tu pareja) a su amante".

Para evitar la infidelidad (2)

Lo que necesitas:
> Esencia de fresa.
> Franela roja.
> 1 figura de metal de gallo
  con el pico abierto.
> 1 planta de ruda.

PROCEDIMIENTO

Para deshacerte de la energía negativa es necesario hacer un ritual de limpieza, tanto en tu persona como en el lugar. Recuerda que estos rituales están en los capítulos 2 y 3. Después de eliminar la energía negativa, ya puedes hacer los rituales para sanar o atraer cosas.

Este ritual sirve para evitar la infidelidad, tanto de tu pareja como tuya. En el primer día de luna llena, justo a las doce, limpia bien toda tu cama con tres ramas de ruda. Quema esas ramas y tira las cenizas en una bolsa negra a la basura. Limpia el gallo de metal con la esencia de fresas (la cual ayuda al entendimiento con la pareja) y la franela roja. Después pon el gallo afuera de tu puerta principal, cuidando que vea hacia el exterior de tu casa. Ahora puedes decretar: "Estás aquí para evitar cualquier posibilidad de infidelidad en mi matrimonio o en mi relación".

Para evitar la infidelidad (3)

Lo que necesitas:
> 1 fotografía de la pareja en donde estén muy felices.
> 1 figura del ave fénix.